Für Margarethe

Jürgen König

Viel mehr als nur ein Hund

GESCHICHTEN EINER FREUNDSCHAFT

Rasch und Röhring Verlag

Ein Hündchen namens »Dante«

Es war ein griesgrämiger Herbsttag, einer von der üblen, naßkalten Sorte. Mit hochgeschlagenem Kragen, mißmutig dem Äußeren nach, erwartungsvoll angespannt im Innern, patschte ich durch Pfützen und strebte einer Adresse zu, die möglicherweise mein Leben entscheidend verändern würde. Im Herzen Schwabings, Münchens längst verblichenem Künstlerviertel, war ich um 17 Uhr in eine Mansardenwohnung bestellt worden.

Da lebte eine junge Dame, die ich noch nicht kannte, wohl aber ihr Schicksal, das mir von einem Journalistenkollegen als ziemlich traurig geschildert worden war. Sie hieß Petra und litt seit Tagen unter der jähen Trennung, die ihr italienischer Freund ihr Knall auf Fall zugemutet hatte. Zwei Wochen vor dem Ende ihrer Beziehung hatte ihr Mario einen Hund geschenkt. Nun saß Petra mit dem kleinen Hund in ihrer winzigen Mansarde, und Mario war weg. Andersrum wäre es ihr weit lieber gewesen. Und so versuchte sie, sich des Welpen zu entledigen, da sie tagsüber in einem Büro arbeitete, der Hund während der endlosen Stunden des Alleinseins mehrmals notdürftelte und noch dazu ihre knapp bemessene Freizeit mit Gassigehen im Englischen Garten in Anspruch nahm. Der kleine Hund sollte alsbald – man kennt das ja – ins Tierheim abgeschoben werden. Petras Leben würde somit, befreit von der lästigen Bürde, wieder in geordnete Bahnen geraten, und ein neuer »Mario« ließe sich gewiß in Ruhe finden. Das war alles, was ich wußte, und als ich von der Geschichte erfahren hatte, faßte ich einen mutigen Entschluß: Ich wollte dem Hund sein düsteres Schicksal ersparen. Mein Herz quoll über von Mitleid, während mein Verstand so tat, als wäre er gar nicht vorhanden.

Ich klingelte. Die Tür wurde geöffnet, und vor mir stand eine außergewöhnlich hübsche Dame. Als ich mich als derjenige zu erkennen gab, der möglicherweise wenigstens eines ihrer beiden Probleme zu lösen in der Lage wäre, bekamen ihre Augen einen flehenden Glanz. Sie bat mich in die Küche, die die Ausmaße eines etwas zu groß geratenen Besenschranks hatte. Sie bückte sich anmutig und zerrte unter dem Küchenherd ein Körbchen hervor. Vor lauter Ergriffenheit vergaß ich fast zu atmen.

Auf einer Wolldecke lag bäuchlings ein kleines weißes Hündchen, kaum mehr als zehn Hände voll Kirschblüten, die der Wind zusammengetrieben hatte. Die beiden Vorderpfoten, die mir in der Relation zum übrigen reichlich groß erschienen, ragten über den flachen Rand des Korbes und machten an den unteren Gelenken einen Knick. Ich bückte mich und nahm die beiden Pfoten in meine Hände. Sie waren warm und weich und zitterten ein wenig. Der imposante Kopf wurde flankiert von zwei lustigen hängenden Ohren, die wie zwei kleine Topflappen aussahen und fast bis zu den äußeren Augenwinkeln reichten. Die nußbraunen Äuglein waren leicht zusammengekniffen, und eine senkrechte Stirnfalte verlieh seinem Gesicht eine Mischung aus Mißmut und Besorgnis, als wüßte er bereits jetzt, kaum ein paar Wochen auf der Welt, daß das Leben mitunter schon ein rechtes Kreuz sein kann.

Während ich mit den Fingern in dem dichten, weichen Rückenfell grub, säuselte Petra von oben herab: »Er heißt *Dante*. Er ist ein *Pastore Maremmano*, ein italienischer Hirtenhund. Er hat alle Impfungen und ist leider noch nicht stubenrein.« Natürlich nicht, dachte ich. Acht Stunden am Tag eingesperrt in einer Wohnung, bleibt einem ja gar nichts anderes übrig, als auf den Teppich zu pinkeln. Und dann dieser Name! *Dante!* Ich sah mich bereits in meiner dörflichen Idylle hinter dem unfolgsamen Tier herhecheln, unentwegt *Dante! Dante!* brüllend. Und ich sah weiterhin, daß dieses Schauspiel Wasser auf die Mühlen meiner ohnehin etwas mißtrauischen Bauern wäre, für die ein Journalist immer noch jemand war, dem man mit Skepsis begegnen sollte. Und nun rannte er gar hinter einem Hund her, einem Rüden zumal und schrie *Tante! Tante!*

Soviel war klar: Falls ich mich für die Adoption des Kleinen entscheiden sollte, würde er vordringlich einen ordentlichen Namen bekommen. Mit einem letzten, bittersüßen Blick auf den weißen, wolligen Knäuel verabschiedete ich mich und versprach der mich erwartungsvoll anblickenden jungen Dame, ihr morgen meine Entscheidung mitzuteilen. Und während ich das Haus verließ, ahnte ich bereits, daß ich mich eigentlich schon entschieden hatte.

Ich schlief schlecht in dieser Nacht. Noch am Abend hatte ich Petra angerufen, ihr den Weg nach Reichersdorf erklärt und sie gebeten, morgen vormittag den Hund bei mir abzuliefern. Nun lag ich rücklings im Bett, die Hände unterm Kopf verschränkt, und starrte an die alte Holzdecke, während in meinem Hirn nur noch Platz war für den kleinen Hund, den Spaß, den wir gemeinsam haben würden, und den Ärger, der mit Sicherheit zu erwarten wäre. Auf der Bettdecke neben mir lag ein aufgeklapptes Buch, und von Zeit zu Zeit warf ich einen bewundernden Blick auf ein Farbfoto, das einen weißen Riesen zeigte, einen *Pastore Maremmano*, dessen zu erwartende Schulterhöhe mit 73 Zentimetern angegeben war. Da ich einssechsundachtzig maß und nur selten weniger als einhundert Kilo auf die Waage brachte, sollten wir, was unsere Physis betraf, eigentlich ganz gut zusammenpassen.

Den gesamten Vormittag fühlte ich mich, als hätte ich Hummeln in den Hosen.

Sobald ich ein Motorengeräusch vernahm, stürzte ich ins Freie, spähte die Dorfstraße entlang und zog mich in die Stube zurück, weil es nur der Postbote war, oder einer meiner Nachbarn, oder jemand, den ich nicht kannte. Mit einer beinahe infantilen Betulichkeit ordnete ich zum weiß Gott wievielten Male die Wolldecke neben dem Kachelofen, schob den noch leeren Futternapf noch dichter an die gefüllte Wasserschüssel und benahm mich so läppisch wie ein werdender Vater, der den erlösenden Anruf der Hebamme erwartet.

Sie kamen kurz vor Mittag. Petra sah sehr gut aus, war in enge schwarze Jeans gekleidet und trug zu einer nougatbraunen Seidenbluse mit weiten Ärmeln ein strahlendes Lächeln. Sie müsse gleich weiter zum Tegernsee, wo sie zu einer Geburtstagsfeier geladen sei, drückte mir den Impfpaß in die Hand, und ich wurde den Eindruck nicht los, daß sie heilfroh war, den lästigen kleinen Balg endlich vom Hals zu haben. Mit ihren langen, rotlackierten Fingernägeln bohrte sie dem Hund zum Abschied wohlwollend ins Genick und ermahnte ihn, ein braver Hund zu sein. Eilig drückte sie mir die Hand und stob in ihrem Kleinwagen davon, ganz offensichtlich von der Sorge getragen, ich könnte mich doch noch anders entscheiden. Wir sind uns nie wieder begegnet, und so vermag ich auch nicht zu sagen, ob Petra wieder richtig glücklich wurde.

Nun hatte ich also, zum erstenmal in meinem Leben, einen Hund. Ich setzte mich an den Kachelofen, den ich in Anbetracht der spätherbstlichen Temperaturen angeheizt hatte, und besah mir den kleinen Tolpatsch, der zunächst jeden Winkel der Stube erkundete, an Stuhl- und Tischbeinen schnüffelte und letztlich die Wolldecke ausmachte, die ich ihm als Lager ausgebreitet hatte. Er stellte sich inmitten des Gevierts, und just in dem Moment, da ich mich anschickte, ihn mittels hilfreichem Händedruck zum Hinlegen zu bewegen, grätschte er ganz leicht die Hinterbeine und begann zu pinkeln. Ich faßte ihn von oben unter den Schulterblättern, hielt ihn mit nach vorne ausgestreckten Armen fest und eilte mit ihm ins Freie. Als ich ihn vor der Haustür absetzte, war er gerade fertig, und der »Fluchtweg« durch Stube und Hausgang war mit einem fadendünnen, fast geraden Rinnsal markiert.

Das Telefon klingelte, und ich stieg die knarzende Holztreppe hinauf, die zu meinem Arbeitszimmer führte. Es war ein wichtiger Anruf, auf den ich schon seit Tagen gewartet hatte. Durchs Fenster konnte ich einen Großteil der Dorfstraße überblicken und sah den Hund, wie er mit schwingendem Hintern und aufgestellter, wippender Rute auf der Fahrbahnmitte zum Gasthaus Rank hinüberwackelte. Soll er sich ruhig mal umsehen, dachte ich. Das Gespräch konnte ich ohnehin nicht unterbrechen, da von seinem Ausgang möglicherweise ein satter Auftrag abhing. Als ich den Job endlich hatte, war der Hund hinter einer Garage verschwunden. Der Misthaufen! Jenseits der Garage türmte sich ein stattlicher Misthaufen, da sie beim Rank nicht nur eine Gastwirtschaft, sondern auch eine Landwirtschaft betrieben. Ich rannte los, die Treppen hinunter ins Freie und die Dorfstraße entlang, etwa 50 Meter bis zum Garagenende. Da stand er auf der Kuppe des Haufens, bis zu den Flanken in frischem Mist versunken und mühte sich verzweifelt, dem Morast zu entkommen. Nur der Rücken, die obere Schädelpartie und der sichelförmig aufgestellte Schwanz leuchteten noch makellos weiß. Die Schnauze hingegen war fast bis zu den Augen bräunlich-oliv eingefärbt. Vorsichtig balancierte ich über ein glitschiges Brett nach oben, versuchte mit einem Fuß Halt auf einem halbwegs kompakten, kleinen Strohballen zu finden und packte den zappelnden, unentwegt fiepsenden Hund mit beiden Händen am Rückenfell und begann zu ziehen. Ein schmatzendes Geräusch beendete die Rettungsaktion. Vorsichtig glitt ich im Rückwärtsgang die schmierige Schräge hinab, den unsäglich stinkenden Hund an ausgestreckten Armen haltend. Mir war nicht ganz klar, ob jemand meine Rettungsaktion beobachtet hatte. Wenn ja, würde ich es spätestens am Sonntag im Wirtshaus erfahren.

Wir duschten. Ich sage »wir«, da es sich als ein ganz und gar aussichtsloses Unterfangen erwiesen hatte, den Hund in die Wanne zu stellen oder gar zu setzen. Er wehrte sich mit Klauen und Zähnen und entwickelte dabei Kräfte, die von außerhalb der Wanne unmöglich zu bändigen waren. Ich mußte ihm das Gefühl geben, daß ich bereit war, seine »Leiden« mit ihm zu teilen. Der Hund, vom Strahl der Brause hinreichend durchnäßt, schüttelte sich unentwegt, wand und verbog sich, während ich ihn mit einer Hand am Halsband festhielt und mit der anderen begann, mich bis auf die Unterhosen zu entkleiden. (Mich ihm in totaler Nacktheit, noch dazu auf engstem Raum zu nähern, schien mir äußerst leichtfertig, da er wild um sich schlug und mit seinen nadelspitzen Milchzähnen bevorzugt nach ungeschützten Extremitäten schnappte. Am Daumen hatte er mich bereits erwischt.) Zudem kam auch ich um eine Generalreinigung gar nicht mehr herum. Der sich unentwegt schüttelnde Hund hatte mich gründlich mit jauchigem Niesel eingedeckt. Während des abschließenden lauwarmen Spülgangs unter der Brause erlahmte sein Widerstand, breitbeinig und starr stand er mit gesenktem Kopf in der Wanne und winselte in klagenden Intervallen. Zu guter Letzt rubbelte ich ihn mit einem Handtuch ab und war mir sicher, daß ich nie einen weißeren und feiner duftenden Hund gesehen hatte.

Als auch ich wieder gut roch, setzte ich mich an den Tisch in der alten Bauernstube, goß Bier ins Glas und Schnaps in ein anderes und betrachtete den weißen, zitternden Knäuel, der auf der Wolldecke neben dem Kachelofen lag und mich aus schmalen Augen musterte. Ich zwinkerte ihm zu und brauchte ein Weile, ehe ich begriff, daß er sich aus eigenem Antrieb, ohne mein Dazutun auf »seine« Decke gelegt hatte. Das fand ich großartig, und meine Hoffnung, daß dieser Hund ein ganz ungewöhnlicher Hund sein würde, schlug erste zarte Wurzeln. Die nächsten zehn Jahre, womöglich noch länger, würden wir als unzertrennliches Team durch Dick und Dünn gehen, mit keiner Leine, nur durch unsere Zuneigung verbunden. Wir würden gemeinsam auf Berge steigen und in Biergärten sitzen, und die Leute würden die Köpfe zusammenstecken und sagen: »Schaut her. Da sind sie ja wieder, die zwei.« Und sicher könnten wir auch hin und wieder segeln und schwimmen sowieso.

Mit zwei weiteren Schnäpsen trank ich mir unsere Zukunft rosig und empfand den Hund in meiner ohnehin gemütlichen Stube als den Gipfel der Behaglichkeit.

Ich schlief schlecht in dieser Nacht. Das heißt, ich tat eigentlich kaum ein Auge zu. Aufgeschreckt durch das zyklisch wiederkehrende, fiepsige Quengeln tappte ich gut ein dutzendmal die knarzenden Stufen hinunter und bemühte mich, dem zwischen Küche und Stube umherirrenden Tier die Grundregeln von Gemeinsinn und Rücksichtnahme zu vermitteln. Ich nahm den Hund auf den Arm, redete ihm gut zu und legte ihn auf seine Decke. Das machte ich, wie gesagt, etwa ein dutzendmal in dieser Nacht. Während der knappen Ruhepausen befiel mich ein Unwohlsein, das in Schüben kam. Ich hatte mir eine *Verantwortung* auferlegt, an der es kein Vorbeikommen gab. Gut, das würde sich einpendeln. Weit schwerer aber wog, daß ich als freier Journalist oft unterwegs war, manchmal mehrere Wochen. Monika, meine damalige Freundin, lebte und arbeitete als Modefotografin in München und hatte sich zögerlich bereit erklärt, den Hund ab und zu mal in ihre Obhut zu nehmen, wenn ich verreisen mußte. Und dann gab es ja auch noch Luke, den Besten und Zuverlässigsten in meinem kleinen Freundeskreis. Eigentlich hieß er ja Jochen, aber alle nannten ihn seit seiner Kindheit Luke. Weshalb, habe ich nie erfahren. Angeblich wußte er es selbst nicht. Luke entstammte einer wohlhabenden Hamburger Kaufmannsfamilie, war um neun Jahre jünger als ich und hatte sich bereits mit 18 Jahren der betulichen Geborgenheit seines Elternhauses entzogen, indem er nach Bayern ging und einfach das tat, was ihm Spaß machte. Er jobbte in einer Segelmacherei, verkaufte Hochseejachten, ging damit pleite und entdeckte eine Marktlücke für rustikales hölzernes Kinderspielzeug. Doch auch dieses *bombensichere* Geschäft scheiterte nach kurzer Zeit am Unverständnis seiner Gläubiger. Anschließend verkaufte er Möbel, Luke ging es gut, und wir hatten wieder viel Spaß beim

Segeln. (Mein Freund Luke, über den in diesem Buch noch einiges zu berichten sein wird, starb im August 1988 an einem Herzinfarkt. Er war erst sechsunddreißig.)

Unausgeschlafen und infolgedessen mürrisch entließ ich den Hund am Morgen ins Freie. Er hatte keine Eile, was verständlich war, da er sein »Geschäft« inmitten der Stube verrichtet hatte. Gemächlich trottete er hinüber zu Nachbars Garten und hielt plötzlich wie versteinert inne. Vier fette, aufgeplusterte Hühner, beschützt von einem stolzen Gockel, hatten sich vor dem Hund zu einer bedrohlichen Phalanx aufgereiht. Ihre Köpfe zuckten hektisch, die Flügel bebten, und anstatt schleunigst die Flucht zu ergreifen, startete der Hahn urplötzlich unter Kriegsgeschrei einen Angriff auf den fassungslosen Hund, der, noch ehe ihn der wütende Gockel erreicht hatte, davonstob und ins Haus flüchtete. Meine Empfindungen angesichts seines abrupten Rückzugs waren zwiespältig. Zum einen ärgerte ich mich über das Hasenherzige in meinem Hund, zum andern ließ dieses Verhalten hoffen, daß sein Charakter von Sanftheit und Klugheit geprägt war. Und da mein Hund der einzige im Dorf war, wäre er bei etwaigen gewaltsamen Dezimierungen des Hühnerhaufens – auch ohne Zeugen – als Übeltäter vorverurteilt worden. Dies wiederum hätte mein bis dahin gutes Einvernehmen mit den Bauern möglicherweise dauerhaft beschädigt. Also war ich froh, daß der Hund so klug gehandelt hatte.

»SCHNAPS« SOLL ER HEISSEN

Er brauchte einen Namen. Ich empfand es plötzlich als einen unerträglichen Zustand, mit *jemandem* unter einem Dach zu leben, der keinen Namen hatte. Das Problem löste sich noch am selben Abend. Natürlich hatte es sich im Dorf längst herumgesprochen, daß ich nicht mehr alleine lebte. Und natürlich war der Rank Gretl, der Wirtin von nebenan, mein Rettungseinsatz auf dem Misthaufen nicht entgangen. So brauchte ich auch nicht bis zum Sonntag zu warten, um etwas von dem Spott zu ernten, den der Hund tags zuvor gesät hatte. Sie kamen zu zweit, wie meistens, wenn sie mich als Partner brauchten, um in einem der umliegenden Wirtshäuser bei einigen Bieren und etlichen Obstlern Kurzweil zu finden. Matthias (»Matt«), einziger Sohn der Reichersdorfer Wirtsleut', und Heinz, der einzige Sohn vom Bauern Bender aus Thalham, verband seit ihrer Kindheit eine tiefe, gelegentlich etwas ruppige Freundschaft. Daß sie mich bereits wenige Monate nachdem wir uns kennengelernt hatten, an dieser Freundschaft teilhaben ließen – die bis heute Bestand hat –, war für mich etwas ganz Besonderes.

Wie es der Brauch war, polterten sie, ohne anzuklopfen, ins Haus. Den Hund, der schrill kläffend einen wahren Veitstanz aufführte, beachteten sie eher beiläufig. Der Matt meinte nur: »Von einem *weißen* Hund hat meine Mutter aber nix g'sagt. Der ist eher braun, fast oliv, hat's g'sagt.«

Nach Wirtshaus war mir heute überhaupt nicht zumute, da ich den lebhaften Balg nicht bereits am zweiten Abend alleine lassen wollte. Da genügend Bier und Schnaps im Haus war, bedurfte es auch keiner großen Überzeugungsarbeit, um die beiden zum Bleiben zu bewegen. Matt und Heinz setzten sich an den Stubentisch, und während ich in der Küche eine Brotzeit herrichtete, ließen sie schon mal die Gläser vollaufen. Irgend etwas fiel auf den hölzernen Stubenboden, und ein paar Augenblicke später quollen die beiden Bauernburschen von schepperndem Gelächter über. Was ich zu sehen bekam, konnte mich nur bedingt erheitern. Der Bender Heinz hatte sein offensichtlich gut gefülltes Schnapsglas mit einer unachtsamen Bewegung vom Tisch gewischt. Das dickwandige *Stamperl* war unversehrt geblieben, der Inhalt als kleine Pfützen auf dem Boden verteilt. Während sich die beiden köstlich amüsierten, leckte der Hund gierig den Obstler auf. Nur noch ein paar feuchte Flecken waren übriggeblieben. Ich packte ihn am Kragen und zerrte ihn zu seinem Platz am Kachelofen. Soweit ich mich an diesen Abend erinnere, war ich auf die beiden ziemlich wütend, zumal der Hund binnen kurzem in tiefen Schlaf verfiel. Er war ganz offensichtlich betrunken, und das gefiel mir überhaupt nicht. Als er leise und gleichmäßig zu schnarchen begann, wurde mir etwas wohler.

»Hast ja einen netten Hund«, grinste der Bender Heinz, »einen reinen Alkoholiker ham's dir da ins Haus g'schickt. Und da überlegst du noch lang', wie er heißen soll. *Schnaps* heißt er. Ist doch der einzige Name, der zu dem Hund paßt.«

Ob der Name nun unbedingt »paßte«, war nicht entscheidend dafür, daß ich ihn akzeptierte. Er war einsilbig, halbwegs witzig, nicht schwülstig (wie etwa *Dante*), und er wäre auch sicher für den Hund einprägsam. Also hieß der Hund von nun an *Schnaps*.

Zu diesem Zeitpunkt lebte ich seit fast sechs Jahren in Reichersdorf, einer unversehrten bayerischen Idylle mit 70 Einwohnern. Der kleine, über 300 Jahre alte Bauernhof, immer erfüllt von dem lebendigen Duft alten Holzes, war mir richtig ans Herz gewachsen. Den Besitzer, ein humorloses, geldgieriges, keifendes Ekelpaket aus München, hatte ich vor einigen Monaten an einer empfindlichen Stelle getroffen: In einer Reportage für das Magazin GEO, in der ich mein Leben im Dorf beschrieb, war ich, fundiertes Archivmaterial verwendend, mit zweien seiner längst verblichenen Vorfahren nicht gerade pfleglich, aber durchaus der Wahrheit entsprechend umgegangen. Die beiden Halunken – Vater und Sohn – hatten sich zu Beginn dieses Jahrhunderts einen höchst zweifelhaften Ruf als Diebe und Wilderer erworben und waren letztlich dafür verantwortlich gewesen, daß Reichersdorf im Volksmund als »Räubersdorf« verballhornt wurde. Der Report in GEO mußte keineswegs als sensationelle Enthüllung gewertet werden, da die Fakten über Jahrzehnte hinweg immer wieder lokale Feuilletons und Bauernkalender geschmückt hatten. Meinem Vermieter war's einerlei: Er schickte mir die Kündigung ins Haus und plädierte, der juristischen Handhabe wegen, auf »Eigenbedarf«. Der Vogl Hans, ein knorriger, liebenswerter Bauer, hielt mich letztlich davon ab, gegen diese Finte Rechtsmittel einzulegen. Er bot mir an, seinen alten Hof zu mieten, in der Senke von Reinthal, einen Kilometer von Reichersdorf entfernt.

Während der letzten drei Wochen, die ich in Reichersdorf lebte, meldeten sich wiederholt Zweifel, ob ich der nervlichen Belastung, die mir *Schnaps* auferlegte, auf Dauer gewachsen wäre. Wenn ich an der Schreibmaschine saß, um Geld zu verdienen, begann der Hund in Küche oder Stube zu randalieren, warf Stühle um, knabberte am Tischbein oder angelte sich den Griff einer Bratpfanne, die mit Getöse zu Boden fiel. Wollte ich mit ihm spazierengehen, so machte er sich in der Regel flach, breit und schwer wie ein nasser Bettvorleger und war erst zum Aufstehen zu bewegen, nachdem ich ihn mittels Leine und Halsband ein paar Meter über den Stubenboden gezogen hatte. Ich ahnte ja, daß mit einem jungen Hund an sich anders umzugehen wäre. Aber wie? Im Dorf jedenfalls hatten unsere täglichen Spaziergänge alsbald großen Unterhaltungswert, und kaum einer der Bauersleute ließ sich das Schauspiel entgehen, wenn ich hinter dem Hund herlief oder *Schnaps* sich trotzig mitten auf die Dorfstraße legte, weil er einfach keine Lust mehr hatte zum Laufen. Die Illusion vom harmonischen Zusammenleben von Herr und Hund wich stiller Verzweiflung und der Befürchtung, daß sich *Schnaps* in den Kopf gesetzt haben könnte, mich so zu erziehen, daß ich schon bald folgsam genug wäre, um mich ohne Leine laufen zu lassen. So gesehen erfüllte es mich nur mit mäßigem Stolz, daß die Tierärztin, die *Schnaps* die Nachimpfung verabreicht hatte, von einem »ungewöhnlich schönen, charakterstarken Tier, vermutlich Alpha-Rüde« geschwärmt hatte. Zudem litt meine Arbeit ganz erheblich unter der allgegenwärtigen, fordernden Präsenz des Hundes, und an das Einhalten von Terminen war kaum noch zu denken. Ich fühlte mich wie ein Dompteur, der mit seiner Schweinenummer rundum glücklich gewesen war und sich dennoch die Dressur eines Grizzlys hatte aufschwatzen lassen. Die »schöpferischen Pausen«, die ich zwischen dem Schreiben von Manuskripten und der totalen Zuwendung zu dem keifenden, beißenden, zerstörenden, durch die Wohnung kackenden Hund einlegte, nützte ich gelegentlich zum entspannenden Klavierspiel. Aber selbst da benahm sich *Schnaps* rüpelhaft und intolerant. Wütend biß er in das filigrane Pianobein, heulte wie ein Wölflein, und wenn ich die Pedale trat, ging er mir gar ans Schuhwerk. Überall in der Wohnung hinterließ er die Male seiner nadelspitzen Zähnchen, wobei ihn der Knochen aus Büffelhaut unendlich zu langweilen schien. Einzig seine Ansprüche bezüglich aufbauender und vitaminreicher Welpennahrung war nicht zu beanstanden. *Schnaps* war überhaupt nicht wählerisch. Er schien vielmehr aus einer Familie zu stammen, in der Bescheidenheit und das Glück, überhaupt etwas zu fressen zu bekommen, als höchste Güter gepriesen wurden. Obwohl ich sorgsam, fast ängstlich darauf bedacht war, daß dem Tier jeglicher Zugriff auf umherliegende Lebensmittel verwehrt wurde, klaute der Kerl, daß mir richtig bange wurde. Einmal erwischte ich ihn, als sein Kopf bis zum Halsansatz in einer Plastiktüte steckte, die gut mit Käse gefüllt war. Ein andermal stahl er einen Krapfen vom Tisch, nachdem er auf die Eckbank geklettert war; er zerkaute eine alte Semmel, die seit Tagen im Mülleimer schimmelte, und irgendwie war ihm eine Essiggurke untergekommen, die er zwar nicht vertilgt, aber mehrfach mit seinen Zähnchen perforiert hatte. Um den Verdacht des Lesers, der arme Hund habe ganz einfach nichts zu fressen bekommen, gleich zu entkräften: Der »arme Hund« bekam dreimal pro Tag reichlich Futter in seinen Napf, das von erfolgreichen Züchtern glaubhaft als optimal empfohlen wurde.

Es blieb mir ein Rätsel, woher der Hund die schlechten Manieren hatte, und zwangsläufig drängte sich der Verdacht auf, daß er in Petras Mansarde tun und lassen konnte, was er wollte. Dieser Hund brauchte eine starke Hand! Jawoll! Meine pädagogischen Bemühungen indes konnten nur fruchten, wenn es mir gelang, ihn auf frischer Tat zu ertappen, in flagranti sozusagen. Wenn er die Diebesbeute bereits gefressen hatte, war ihm wohl schwerlich das Ungehörige seines Verhaltens klarzumachen. Ich mußte ihm eine Falle stellen. Zugegeben: Mein Plan war perfide, aber wenn er funktionierte, wären wir dem ersehnten harmonischen Miteinander ein gutes Stück näher. Ich legte ein Wiener Würstchen auf den Tisch in der Stube, bugsierte *Schnaps* auf sein Lager und bewog ihn mit sanftem Druck aufs Hinterteil zum Hinlegen. Sein Blick war starr auf den Tisch gerichtet, seine schwarze, glänzende Nase vibrierte nervös. »Schön Platz«, ermahnte ich ihn und ließ dabei drohend die zusammengerollte *Abendzeitung* kreisen. Mit Zeitungen kannte er sich schon etwas aus.

Schlendernd verließ ich das Haus, um mich, kaum im Freien, eilig an ein Stubenfenster zu drängen, von wo aus ich den Hund beobachten konnte, ohne von ihm bemerkt zu werden. Es dauerte fast fünf Minuten, ehe sich *Schnaps* plötzlich erhob, den Stubentisch mit dem »Köder« achtlos passierte und um den Mauervorsprung bog, der Stube und Küche voneinander trennte. Er hatte begriffen! Um ganz sicher zu sein, wartete ich noch eine Weile, bis der Hund wieder in die Stube zurückkehrte, auf seine Decke plumpste und sich zu einem zufriedenen weißen Kringel verbog. Ich war richtig stolz auf uns beide.

Ehe ich mich zum Schreiben jener Geschichte zwang, die ich vor zwei Tagen bereits hätte abliefern sollen, ging ich in die Küche, um meiner dürftigen Arbeitsmoral mit einer Tasse Kaffee auf die Sprünge zu helfen. Dabei fiel mein Blick auf den Küchentisch, auf dem unlängst das zweite Würstchen gelegen hatte. Es war weg. Zwei feine Speichelfäden, die sich von der Mitte der Tischplatte bis zur Tischkante zogen, genügten, um den Dieb zu überführen. Wut und Enttäuschung machten mich blind für erzieherisches Wohlverhalten; ich stürmte in die Stube, zog dem Hund zwei mit der einfach gefalteten *AZ* über, so daß er, voll der Panik, unter die Eckbank floh. Dabei sah er mich mit seinen dunklen Augen so mitleiderregend an, als wollte er jeden Moment in Tränen ausbrechen. Ich kroch unter den Tisch, legte die Zeitung beiseite, kraulte ihn hinterm Ohr, was sicher dazu führte, daß ihm mithin die letzte Klarheit darüber abhanden gekommen war, was er von mir als Partner und Erziehungsberechtigtem zu halten hatte. Vermutlich hatte ich bisher alles falsch gemacht.

Der Auszug aus Reichersdorf verlief binnen eines Tages und ohne nachhaltige Trauer. Meine künftige Bleibe, der alte Bauernhof in Reinthal, war zwar stark renovierungsbedürftig, hatte aber den unübersehbaren Vorteil, daß ich nicht von Nachbarn umzingelt war. Nach Süden und Westen dehnte sich Weideland, das sicher auch noch während der nächsten zwanzig Jahre dem Zugriff von Bauspekulanten verwehrt bleiben würde. Für einen wie mich, der das stille, beschauliche Leben liebte, war dies ein Platz wie Gold; für *Schnaps*, so hoffte ich, würde er das Paradies.

Besuche waren mir während dieser ersten, von Mörteln, Gipsen und Malen dominierten Wochen eher lästig. Und da es mir eigentlich nie gelang (und auch heute noch nicht gelingt), unwillkommene Besucher mit freundlichen Gesten zu empfangen, war das Verweilen überraschender und lästiger Gäste stets kaum mehr als ein zügiger Abschied. Einerseits war ich froh, daß ich mich ohne nennenswerte Störungen den Renovierungsarbeiten widmen konnte, andererseits wäre ein gewinnbringender Auftrag dringend nötig gewesen, da das Murren meiner Bank unüberhörbar war. *Schnaps* befand sich in einer unguten

Phase, da er sich nun, im Alter von gut vier Monaten, anschickte, sich seiner Milchzähne zu entledigen. Der Knochen aus Büffelhaut war für ihn nur von peripherem Interesse; seine wahre Leidenschaft, die gelegentlich an eine wilde, ungezügelte Zerstörungswut grenzte, galt Teppichen, Schuhen und auch langstieligen Malerpinseln, die er aus den Farbeimern fischte und damit weiße, schlierige Spuren durch den Hausgang zog. Und ehe es mir gelang, von den Höhen meiner Staffelei herabzusteigen, um den Unhold zu packen, war *Schnaps* wie der Wind im Freien und fegte mit dem Pinsel ins Grünland.

Irgendwann legte er ihn im Gras ab und pirschte sich zum Haus zurück, auf der Suche nach frischer Beute. Es waren bittere Tage, ich hatte keine Freude an dem Hund, und gelegentlich haßte ich ihn sogar. Groll und dumpfe Ohnmacht wichen dem Verdacht, daß ich meiner Aufgabe als »Alleinerziehender« ganz einfach nicht gewachsen sei. Der Hund machte, was er wollte, und kratzte außer an Wänden und Mobiliar auch an meinem Selbstbewußtsein.

Meine damalige Freundin Monika mochte den Hund nicht besonders. Nicht daß sie etwas gegen Hunde gehabt hätte. Aber in ihrem ehrgeizigen Streben nach einer großen Karriere als Modefotografin galt ihr Interesse und ihr Wohlwollen vor allem jenen Lebewesen, die für sie auf dem Weg nach oben hilfreich waren. (*Schnaps* gehörte nicht dazu und ich irgendwann nicht mehr.) Dennoch hielt sie sich in ihren Arbeitspausen gerne auf dem Lande auf, legte während der Renovierungsphase auch tüchtig mit Hand an und erklärte sich gelegentlich durchaus bereit, dem Hund in ihrer Münchner Wohnung Obdach zu gewähren, wenn ich für einen oder mehrere Tage verreisen mußte. Aber eine echte, tiefe Zuneigung zu dem Hund entwickelte sie nie. Die folgende Begebenheit, die es zu schildern gilt, stellte unsere damals noch gut funktionierende Beziehung auf eine harte Probe. Nach einigen arbeitsreichen Tagen in Mailand hatte es Monika nach meiner ländlichen Idylle verlangt, um neue Kraft und Ehrgeiz zu sammeln. Da sie nicht nur die neuesten Modehits für irgendwelche hochglänzenden Magazine fotografierte, sondern auch selbst vor kaum einem Modetrend zurückschreckte, hatte sie aus Mailand gar wundersames Schuhwerk mitgebracht, das sie, ein schlankes Wesen von knabenhafter Gestalt, künftig zu tragen gedachte. Es handelte sich dabei um unförmige Treter aus der Herrenabteilung eines feinen Mailänder Schuhmachers, aus schwarzem Lackleder händisch gefertigt, fast so breit wie lang, »eine schauderhafte Kreation«, wie ich fand. Da war Monika beleidigt. An ihrer Stelle wäre ich das auch gewesen. Das seltsame Paar hatte immerhin fast 600 Mark gekostet. Zudem hatte sie noch eine antiquare Einkaufstasche erworben, von einer Unzahl Lederflicken zusammengehalten, mit zwei speckigen Lederwürsten als Henkel. Monika sprach von einem »echten Glücksfall« (das Wort »Schnäppchen« war zu dieser Zeit noch längst nicht im Schwange) und daß sie da einfach zuschlagen mußte, für läppische 400 Mark. Sie deponierte ihre Errungenschaften in der Stube auf dem Fußboden und mahnte zur Eile, da wir nach München mußten, um ein paar Dinge zu erledigen. *Schnaps* blieb zu Hause; ganz allmählich sollte er sich auch ans gelegentliche Alleinsein gewöhnen.

Es war früher Abend, als wir wieder in Reinthal eintrafen. Soweit ich mich entsinne, war ich in der Küche oder im Stall, jedenfalls weitab von der Stube, aus der der Schrei kam. Eigentlich war es ein langgezogenes »Neiiiiiiiiiin«, das in den schwindelnden Höhen eines übergeschnappten Soprans begann und über eine Fülle von Katarakten in die Tiefe glitt, um letztlich in einem resignierten Wimmern abzuenden. Schreckliches mußte passiert sein! Ich rannte in die Stube. Monika kniete auf dem Fußboden, in den Händen zwei Schuhsohlen, solide Mailänder Handarbeit. Das Oberleder indes, das noch vor wenigen Stunden dem exklusiven Schuhwerk sein einzigartiges Aussehen verliehen hatte, lag, zu kleinen, schwarzen, lackglänzenden Fetzen zerkaut, großflächig verstreut auf dem Stubenboden. *Schnaps* hatte ganze Arbeit geleistet. Selbst die Schuhbänder waren von Speichel getränkt und plattgekaut. Ich stand da und fand einfach keine der Situation angemessenen Worte. Außerdem war ich ängstlich darum bemüht, das Glucksen, das mir bereits im Gaumen hing, zu unterdrücken. Dabei fiel mein Blick unter den Stubentisch, wo der Hund gleichfalls gewütet hatte. Da lag die antiquare Tasche, beziehungsweise der Rest einer antiquaren Tasche. *Schnaps* hatte die beiden wurstförmigen Henkel sorgsam vom Korpus abgetrennt und mit seinen spitzen Zähnen regelrecht perforiert. Auch der Rest der Tasche war kaum noch zu gebrauchen. Das fröhliche Glucksen war mir Halse steckengeblieben. Monika war sehr verbittert, und es nützte auch nichts, daß ich wortreich und zerknirscht versicherte, ab sofort andere Saiten aufzuziehen, was den Hund betraf. In ihren Augen traf mich zumindest eine Teilschuld an dem Desaster, da ich zum einen die Stubentür nicht geschlossen und mich außerdem aufgrund meines geringschätzigen Urteils hinsichtlich des merkwürdigen Schuhwerks als Komplize des Hundes hinreichend verdächtig gemacht hatte. »Könnte doch sein, daß du die Tür absichtlich nicht geschlossen hast«, mutmaßte sie giftig. Als sie ihre Tränen getrocknet hatte, stieg sie ins Auto und fuhr nach München. Schnaps lag einen Steinwurf vom Haus entfernt in der Wiese, rücklings, die Vorderbeine ganz entspannt eingeknickt. Er war mit seinem Werk wohl sehr zufrieden.

Die Farbe in Hausgang und Stube war gerade mal einigermaßen trocken, als sich Besuch ankündigte. Herr Röhring, Verlagsdirektor bei einem der größten deutschen Buchverlage, wollte mit mir über ein Buchprojekt reden. Das war natürlich sehr aufregend, denn bis zu diesem Zeitpunkt war es mir nur einmal gelungen, eine Geschichte mit »ziemlich langem Atem«, also in Buchform, zu schreiben und auch bei einem Verlag unterzubringen. Zudem kam es ja nicht alle Tage vor, daß der Programmchef eines Großverlages sich in die karge Behausung eines bis dato relativ unbekannten Autors bemühte, mit einer Buchidee im Kopf und einem Vertrag im Koffer. Da ich den bestmöglichen Eindruck hinterlassen wollte, hatte ich die Stube in Ordnung gebracht, den Hund gebürstet und eine Flasche Wein entkorkt. *Schnaps* mußte, zumindest bis zur Ankunft meines Gastes, im Haus bleiben. Nieselregen hatte den Boden aufgeweicht, die Hundepfoten liebten seifiges Erdreich und hinterließen häßliche Spuren im Haus. Da mir inzwischen *Schnaps'* Begrüßungszeremoniell hinreichend vertraut war, hatte ich seine Pfoten gewaschen und getrocknet. Es war nun mal nicht jedermanns Sache, von einem Hund dieser Größenordnung »umhalst« zu werden. Und außerdem reiste ein Verlagsdirektor ganz sicher im guten Zwirn.

Ich saß in der Stube, sah, wie ein Auto vorfuhr und Herr Röhring ausstieg. (Ich kannte ihn bereits, da wir uns ein paar Wochen zuvor erstmals begegnet waren.) Wie befürchtet, trug er einen dunklen Anzug. Sicherheitshalber hielt ich *Schnaps* mit der Rechten am Halsband fest und öffnete die Haustür. Da es sich aber nun mal gehört, dem Gast zum Gruße die rechte Hand zu reichen, löste ich für einen Augenblick die Klammer, um mit der Linken am Halsband zuzupacken. Es folgte eine Verkettung unglücklicher Umstände. Der Hund nützte die Gunst der Sekunde und türmte sich zur Begrüßung vor Herrn Röhring auf, just in dem Augenblick, als jener sich leicht nach vorne neigte, um dem Hund *sein* Wohlwollen zu bekunden. Der Zusammenprall erfolgte auf halber Höhe, und zwar so unselig, daß des Hundes letzter verbliebener Milchreißzahn Herrn Röhrings Nase von der Wurzel bis zur Spitze einen schnurgeraden Schnitt zufügte, der ohne die geringste Verzögerung heftig zu bluten begann. Einen Wimpernschlag lang war ich wie gelähmt. Gedankenfetzen tobten in meinem Hirn: Ausgerechnet Herr Röhring! Den Buchvertrag könnte ich vergessen. Vielleicht hatte er gar einen Schock. Er lachte nämlich, während sich sein Taschentuch, das er auf die Wunde preßte, rot färbte. Kein Verlagsdirektor lacht, wenn ihm der Hund eines relativ unbekannten Autors körperliches Leid zufügt! Der Hund eines berühmten Schriftstellers darf so was schon eher. Hohe Auflagen sind schließlich ein verläßliches, probates Pflaster. Ich hingegen konnte Herrn Röhring nur anbieten, ihn zum Arzt zu begleiten. Ein Verlagsdirektor mit Tetanus und Sepsis, in meinem Haus! Das hätte mir gerade noch gefehlt! Zum Glück hatte Herr Röhring keinen Schock, und er war auch nicht wehleidig. Er sagte nur etwas näselnd: »Da haben Sie ja einen recht lebhaften Hund.« Mir fiel ein Stein vom Herzen, und letztlich blieb der Zwischenfall ohne Folgen für unsere künftige Zusammenarbeit. Wir tranken eine Flasche Wein; *Schnaps*, das leibhaftige schlechte Gewissen, pirschte sich irgendwann in die Stube und suchte schwanzwedelnd und schmusend Herrn Röhrings Nähe, dessen Nasenrücken mit einem Pflaster verklebt war. (Anmerkung: Hans-Helmut Röhring gründete bald darauf seinen eigenen Verlag, wir wurden Freunde, machten zusammen Bücher, und zwischen *Schnaps* und »unserem« Verleger entspann sich eine dicke Freundschaft. Sie hielt, bis *Schnaps* »auf den Regenbogen ging«.)

»TINA« – DIE ERSTE GROSSE LIEBE

Unser erster gemeinsamer Winter stand bevor. Für *Schnaps*, der mit einem dicken, dichten Pelz gesegnet war, sah ich keine Probleme. Eher schon für mich, da die Stube mit einem Ölofen ausgestattet war, der nicht funktionierte. Als einziger der sechs kleinen Räume, die in dem über 200 Jahre alten Gehöft auf zwei Stockwerke verteilt waren, konnte die Küche per Holz-/Kohleherd beheizt werden. (Im folgenden Jahr ließ ich in die Stube einen Kachelofen einbauen, nachdem ein notdürftig installierter Kanonenofen ums Haar einen Zimmerbrand verursacht hätte. So verbrachte ich während dieses ersten und ziemlich groben Winters die Tage fast ausschließlich in der Küche. Die Wände der unbeheizten Schlafkammer waren in besonders kalten Nächten nicht selten mit glitzernden Eiskristallen überzogen.)

Die veränderte Wohnlage schien *Schnaps* nicht sonderlich zu beeindrucken; abgesehen von den weitläufigen Wiesen, die er gleich als sein Revier in Beschlag nahm. Wie besessen raste er über die herbstbraunen Grasmatten und wälzte sich meistens da auf dem Boden, wo kein Gras mehr war, sondern nur noch aufgeweichter Humus. Nicht unbedingt der ideale Bolzplatz für einen schneeweißen Hund. Als höchst interessant empfand er die neue Nachbarschaft. Es gab mehrere Kinder im Dorf und vor allem zwei Hunde. Letztere kennenzulernen war für *Schnaps* überaus spannend. *Hasso* war ein wohlerzogener, ein in allen Details dem Idealbild des Deutschen Schäferhundes entsprechender Rüde. Er verfügte über einen riesigen, umzäunten Garten, den auch seine beiden Menschen, der Finanzbeamte Acher und dessen Frau, gelegentlich mitbenutzen durften. Fremden (auch fremden Hunden) mußte dringend von einem widerrechtlichen Betreten des Grundstücks abgeraten werden, da *Hasso*, kaum näherte man sich dem Gartenzaun, in wütendes Kläffen ausbrach, furchterregend die Zähne fletschte und Anstalten machte, über den kaum eineinhalb Meter hohen Zaun zu springen. Daß er es nie tat, mochten erschreckte Passanten als Beweis einer erfolgreichen Dressur deuten, zumal es für *Hasso* ein leichtes gewesen wäre, aus dem Stand den Zaun zu überwinden.

Der andere Hund in Reinthal hieß *Tina*, eine dunkelbraungelockte, wieselflinke Münsterländer-Göre mit kokettem Augenaufschlag und aufreizendem Hüftschwung. Obwohl nur unwesentlich älter als *Schnaps*, umwehte sie bereits der unwiderstehliche Duft der Frauen, dem der soeben erst des Geradeauslaufens mächtige Tolpatsch hoffnungslos verfiel. *Tina*, beim Bauern Baron beheimatet, nur zwei Wurfweiten von unserer

Bleibe entfernt, hatte *Schnaps* vom ersten Tag an mit den mannigfaltigen Möglichkeiten vertraut gemacht, die das weitläufige Areal einer traditionellen Landwirtschaft bot. Da gab es einen riesigen Misthaufen, der von den beiden gerne als krönender Abschluß ihrer Hatz durch flaches Gelände erklommen wurde. Es gab einen Heustock, in dem man sich verstecken konnte und wo es zudem immer nach Katzen, Mäusen und Mardern roch. Und es gab einen Stall voller Kühe, die unruhig an ihren Ketten zerrten, wenn *Schnaps* nur in Sichtweite kam. Soviel hatte der schlaue Kerl schon begriffen: An ihren Futterbarren angebunden, ging von den riesigen Tieren keine Gefahr aus. (Irgendwann sollte er die Erfahrung machen, daß es sich mit freilaufenden Kühen völlig anders verhält.)

Es ließ sich alles ganz gut an. Indes, bis zur puren Harmonie zwischen Herr und Hund galt es noch einige Hürden zu überwinden. Vor allem mußte *Schnaps*, der Dickköpfige, endlich begreifen, *wer* in diesem Haus das Sagen hatte. Denn meine bisherigen Bemühungen, ihm ein Mindestmaß an Disziplin beizubringen, waren weitgehend erfolglos geblieben. Dieser Mißstand war nicht nur höchst enervierend, sondern belastete auch in zunehmendem Maße meine Arbeit. So passierte es immer häufiger, daß ich in München wichtige Termine hatte, die ich entweder stornieren mußte oder mit peinlicher Verspätung wahrnahm, da der Hund unauffindbar war. Ihn zwei, drei Stunden ohne Aufsicht vor versperrter Haustür im Freien zu lassen empfand ich als unverantwortlich, zumal immer wieder von Hundefängern zu hören und zu lesen war, die in unserer Gegend nach Opfern suchten. Also mußte ich konsequent und der Reihe nach vorgehen, um *Schnaps* begreiflich zu machen, wer von uns beiden der wahre »Alpha-Rüde« sei. Halsband und Leine hatte ich bereits. Zudem besorgte ich einen »Ratgeber für artgerechte Hundeerziehung«, in dem alles Wesentliche in Text und Bild aufbereitet war, was einen Hund zum Prachtkerl macht.

Zunächst absolvierten wir täglich frühmorgens einen halbstündigen Spaziergang, durch die Leine miteinander verbunden. In der Regel funktionierte das auch ganz gut, jedenfalls so lange, bis irgendwo ein Hund bellte oder eine Katze in Sichtweite geriet. Dann konnte zweierlei geschehen: Entweder riß der Hund so urplötzlich an der Leine, daß ich Mühe hatte, das Gleichgewicht zu halten (zum Beispiel wenn er eine Katze wahrnahm), oder er setzte sich unvermittelt auf seinen dicken Hintern und ließ seinen Kopf hektisch kreisen (zum Beispiel wenn ein Hund bellte). Dann bedurfte es aufmunternder Worte und sanften »Zugzwangs«, um ihn wieder in Gang zu bringen. Da es in unserer Hierarchie unabdingbar war, daß der Hund zu mir zu kommen hatte, wenn ich es für nötig hielt (und nicht umgekehrt), fügte ich nach einigen Tagen unseren Übungen eine Variante hinzu, die in dem Hunde-Ratgeber als äußerst erfolgversprechend empfohlen wurde. Da an weitläufigen Wiesen in unmittelbarer Nähe meines Bauernhofs kein Mangel bestand, suchte ich einen Platz, der vor den zudringlichen und möglicherweise spöttischen Blicken meiner Nachbarn sicher war. Der Anweisung des Buches folgend, knüpfte ich um das Hundehalsband das eine Ende einer dünnen Schnur. Nachdem ich *Schnaps* mit sanftem Druck bewogen hatte, sich langzulegen, entfernte ich mich im Rückwärtsgang und ließ die Schnurrolle so lange ablaufen, bis ich von dem Hund etwa zwanzig Meter entfernt war. *Schnaps* blieb liegen, was ich bereits als großen Erfolg wertete. Nun wurde es sehr spannend. Der Empfehlung des Autors folgend, rief ich »Fuß!« und zog, um das Signal für den Hund spürbar zu machen, ruckartig an der Schnur. Außer dem von mir verursachten Ruck blieb das Tier ohne sichtbare Reaktion. Ich wurde energischer: »Fuß! Fuß! Himmelarsch! Fuuuuß!« Ich befürchtete bereits, der Hund sei eingeschlafen, als er ganz plötzlich nach der straffen Schnur schnappte und sie mit einigen wenigen Kaubewegungen mühelos durchbiß. Dann sprang er auf und fegte in gestrecktem Galopp hinauf zum

Finanzbeamten Acher, umrundete den Maschendrahtzaun und entzog sich meinem Blickfeld durch einen engen Bogen ums Hauseck. Der Ärger über sein eigenmächtiges Entfernen vom Übungsplatz wich schlagartig einer tiefen Sorge um sein Wohlbefinden. Sollte es dem ahnungslosen Tolpatsch gelingen, durch eine Lücke im Zaun oder ein versehentlich unverschlossenes Gartentor sich Zugang zu dem Grundstück zu verschaffen, würde *Hasso* gewiß nicht lange fackeln und dem Eindringling eine gehörige Lektion erteilen. Ich rannte los, brüllte seinen Namen, erreichte den Zaun, umrundete japsend das Haus, bis ich das gesamte Grundstück überblicken konnte – und mißtraute meinen Augen. Inmitten des Gartens balgten sich die beiden Hunde zum größten Vergnügen von Herrn Acher, der wie ein Mattenrichter nahe dabeistand und wechselweise die beiden Ringer zu noch größerem Einsatz ermunterte: »Ja, so ist's recht, *Schnapsi!* Zeig's dem *Hasso!* – Ja *Hasso!* Was ist denn los? Gib's dem *Schnapsi!*« Ich war platt. Wie sich herausstellte, hatte *Schnaps*, eher naiv als furchtlos, bereits einen Tag nach unserem Einzug in Reinthal *Hassos* Revier betreten und war von dem Schäferhund wohlwollend aufgenommen worden. Bis zu *Hassos* Tod, ein paar Jahre später, blieben die beiden dicke Freunde.

Keine Frage: Der Hund war ein Flegel. Und selbst die wohlmeinenden Tröstungen des Finanzbeamten Acher (»Hunde in dem Alter sind nun mal so«) hinterließen in mir nur dürftige Spuren von Zuversicht. Herr Acher riet mir, den Besuch eines Kurses für Hundeerziehung zu erwägen. Nicht gleich, aber so in vier, fünf Monaten vielleicht. Sein *Hasso* beispielsweise habe in der »Gruppe« eine ganze Menge gelernt und sei nun ein äußerst wohlerzogener Hund. Ich hingegen sah in dem Erfolg nicht viel mehr, als daß Herr Acher gehorsam neben *Hasso* an der Leine ging. Mit uns nicht! Es überstieg ganz einfach meine Vorstellungskraft, gemeinsam mit Boxern, Schäferhunden, Dobermännern, womöglich auch noch mit Pudeln und ihren

Herrchen oder Frauchen, auf einer umzäunten Wiese über Hürden zu hüpfen, große Schleifen und Achten zu laufen und mich stundenlang auf ein Vokabular zu reduzieren, das aus »Sitz«, »Platz«, »Fuß«, »Bleib« und »Braver Hund« bestand. Und dann womöglich auch noch den geselligen Beisammenseins beiwohnen zu dürfen, anläßlich derer bei Bier und Trockenfutter über die Vorzüge von Stachelhalsband und Elektroschocks geredet wurde. Nein und nochmals nein! Ich wollte keinen Hund mit »Abitur«; wenn *Schnaps* die »Mittlere Reife« schaffte, wäre es mir recht. Und das würde ich schon irgendwie hinkriegen.

Meine Bemühungen indes, dem Hund ein Minimum an Gehorsam anzuerziehen, schlugen auch weiterhin fehl. So tröstete ich mich damit, daß *Schnaps* zum einen mit einem unbeugsamen Willen und einem unbiegsamen Charakter ausgestattet war und zum anderen, mit zunehmender Reife, gewiß kapieren würde, daß Loyalität eine verläßliche Klammer ist, die Herrn und Hund zusammenhält. Die Erfahrung, daß Tiere untereinander in der Wahl ihrer erzieherischen Methoden oft weit weniger zimperlich sind, machte *Schnaps* anläßlich eines Abstechers in feindliches Gebiet. Obwohl ich den Ablauf der Auseinandersetzung nur vermuten konnte, waren die Folgen doch unübersehbar. Der Hund war ganz offensichtlich einer furchtlosen, im Nahkampf erprobten Katze in die Quere gekommen, die ihm mit einem gezielten Streich die Nase malträtiert hatte. Zwar kein Fall für den Tierarzt, aber doch heftig genug, um feine, blutende Rinnsale zu hinterlassen. *Schnaps* schien sich dieser Lektion derart zu schämen, daß er unters Küchensofa kroch und dort mehrere Stunden verharrte. Selbst mit einem Stück Wurst gelang es mir nicht, ihn aus seinem Leidenswinkel hervorzulocken. Der Schock saß tief, und langfristig hatte dieses Erlebnis zur Folge, daß *Schnaps* seinen Haß auf Katzen fast krankhaft schürte, sie verfolgte, wann immer er eine zu Gesicht bekam. Gelegentlich gipfelte seine Manie darin, daß er sich unter den Zwetschgenbaum legte, weil sich eine Katze ins Geäst geflüchtet hatte. Als wollte er das arme Tier aushungern, starrte er unverwandt nach oben, jederzeit bereit, einen Fluchtversuch mit einer Attacke zu ahnden. Mir oblag es dann – so *Schnaps* nicht aus eigenem Antrieb den Belagerungszustand aufhob –, den Hund, am Halsband ziehend, ein paar Meter weit von dem Baum zu entfernen, um der Katze die Flucht zu ermöglichen. (Soviel ich weiß, ist es ihm nie gelungen, einer Katze habhaft zu werden. Und falls ich's nicht weiß ... na ja.)

Natürlich war seine Sammlung an Erfahrungen noch längst nicht vollkommen. Selbst in einem ideal bemessenen Hundeleben, ohne Zäune und Zwinger, waren auch gewisse Regeln zu befolgen. Auf den Weiden zum Beispiel, die sich in unserer unmittelbaren Umgebung über viele Hektar erstreckten und die *Schnaps* ganzjährig für sich in Beschlag nahm. Vom Spätherbst bis Ende Mai durfte er sich wie ein »Landlord« fühlen, dem alles gehörte, so weit das Auge reichte. Im Sommer war das anders. Da wurden die saftigen Wiesen von den Kühen vereinnahmt. Einen umtriebigen, kläffenden Hund, der ihnen beim Grasen ins Gehege kam, empfanden sie als lästigen Eindringling, den sie nicht dulden konnten. Es war an einem milden Sommermorgen, als ich mit *Schnaps* über Neukirchen und Stürzlham nach Einhaus spazierwanderte. Da sich der Hund bislang untadelig benommen hatte, ließ ich ihn von der Leine. Er trottete brav an meiner Seite. Die etwa zwei Dutzend Kühe, die auf einer Wiese neben der Straße grasten, schienen nicht die Spur von Interesse in ihm zu wecken. Plötzlich lösten sich aus der Herde zwei Tiere, stattliches oberbayrisches Fleckvieh. Mit steil aufgestellten Schwänzen preschten die beiden Kühe auf uns zu. *Schnaps* stutzte einen Moment, dann gab er richtig Gas und stürmte den beiden Angreiferinnen entgegen. Meine Pfiffe und Rufe ließen ihn unbeeindruckt. Geschickt wich er den beiden furchterregenden Hörnerpaaren aus und versuchte zudem nach den Hinterbeinen der Kühe zu schnappen. Im wahrsten Wortsinn »blind vor Wut« versäumte er es, den Rest der Herde im Auge zu behalten, die plötzlich in »offener Schlachtordnung« daherstürmte, die drei Kombatanten umzingelte und einen Kreis um sie schloß. Ich brüllte und pfiff. Erst jetzt erkannte *Schnaps* das Bedrohliche der Situation. Verfolgt von seinen Gegnerinnen, suchte der Hund verzweifelt nach einer Lücke in dem Wall aus mächtigen Kuhleibern, der sich immer enger zusammenzog. Irgendwie fand er den rettenden Durchschlupf und fegte, von den aufgebrachten Kühen verfolgt, auf mich zu. *Schnaps* zitterte am ganzen Körper, als ich ihn wieder an die Leine nahm. Von diesem Tag an haßte er Kühe, kläffte sie wütend an im Schutz des Weidezauns, vermied es jedoch stets, in ihr Geviert einzudringen.

Inzwischen hatte ich es längst aufgegeben, von dem bereits erwähnten »Ratgeber für die artgemäße Hundeerziehung« pädagogische Unterstützung zu erhoffen. Dieses Buch mochte ja für Tausende von Hundehaltern und ihre demütigen (oder aufmüpfigen) Vierbeiner von Nutzen sein. Ich und *Schnaps* fühlten uns jedenfalls immer mehr einer soliden antiautoritären Erziehung zugetan, eine Haltung, die eines fernen Tages entweder in völliger Harmonie oder im totalen Chaos gipfeln würde.

Diese Entwicklung mitzuerleben war sehr spannend. Daß ich ihr dennoch relativ sorglos entgegenzusehen vermochte, hatte einen gewichtigen Grund: *Schnaps* war ein »Menschenhund«, also ein Hund, der Menschen liebte, ohne Rücksicht auf Alter, Geschlecht, Hautfarbe und sozialen Status. Trotz seiner stattlichen Größe, zu der er binnen weniger Monate herangewachsen war, verhielt er sich meinen Besuchern gegenüber stets gutlaunig und gelegentlich übertrieben euphorisch. *Schnaps* hatte nämlich eine Angewohnheit, die jenen, die mit ihm noch nie zu tun hatten, wie eine Bedrohung erscheinen mußte. Sobald ein

Auto vorfuhr und die Tür geöffnet wurde, sprang der Hund ins Wageninnere, noch ehe es dem Fahrer gelungen war auszusteigen. Mit einer Behendigkeit, die angesichts seiner Größe erstaunte, fegte er bis zu den Rücksitzen und, so es sich bei dem Fahrzeug um einen Kombi handelte, weiter bis zum Gepäckraum. Da gelegentlich Kleinkinder auf der Rückbank in niedlichen, ergonomisch ausgereiften Sitzen festgezurrt waren, gab es dann und wann ein schreckliches Geschrei, weil der Hund doch sehr groß und die Kinder zu Tode erschrocken waren. Daß dabei nie ein Kind verletzt wurde, wertete ich als untrügliches Zeichen dafür, daß der Hund zwar sehr temperamentvoll, aber durch und durch gutartig war. Daß er auch bei solchen Gelegenheiten regelmäßig seinen kleptomanischen Neigungen anheimfiel und den schreienden Kleinen ganz behutsam Kekse und anderes Naschwerk aus den Fingern fischte, hatte meistens zur Folge, daß die Kinderchen in erstauntes Schweigen verfielen, um gleich darauf in ein japsendes, schrilles Kinderlachen auszubrechen. Da war *Schnaps* aber bereits wieder im Freien, während ich mein Bestes gab, um Vater oder Mutter, oder beide, wortreich zu besänftigen. Auch erklärte ich mich in der Regel bereit, die Kosten für die Reinigung der Sitzpolster zu übernehmen, was meine Besucher aber – mit einer Ausnahme – stets generös, aber zähneknirschend ablehnten.

Einige meiner Bekannten, die mit den Verhaltensweisen des Hundes bereits vertraut waren, zogen es vor, ihre Ankunft von einer nahe gelegenen Telefonzelle aus anzukündigen. Das funktionierte natürlich nur, wenn sich *Schnaps* in Sichtweite befand und ich ihn ins Haus komplimentieren konnte. Meistens aber befand er sich irgendwo und stürmte heran, just in dem Moment, da ein Auto in die Hofeinfahrt einbog. Ein Hup-Stakkato signalisierte dann in der Regel, daß meine Hilfe gefragt war.

»Der-an-den-Nerven-Zerrt« sollte er heissen

Seit der Hund im Haus war, hatte ich mich notgedrungen zum Frühaufsteher entwickelt, ein Umstand, der meinem Naturell ganz und gar zuwiderlief. Aber was sollte ich machen? Mit einer an Schikane grenzenden Pünktlichkeit hob allmorgendlich zwischen fünf und halb sechs ein penetrantes Gebell an. Verabsäumte ich es, binnen weniger Minuten die Haustür zu öffnen, so griff *Schnaps* zu wirksameren Mitteln: Er warf sich wütend gegen die Schlafzimmertür. Derlei Randale traf mich immer dann besonders heftig, wenn ich am Vorabend einen über den Durst getrunken hatte und erst weit nach Mitternacht ins Bett gekommen war. Da hätte ich ihn am liebsten erwürgt. Doch eine seiner zahllosen Unarten ging mir besonders heftig an den Nerv. Er weigerte sich konsequent, sein »Geschäft« ausschließlich im Freien zu verrichten. Schon auch, aber im langen Hausflur fand sich meistens am Morgen eine Pfütze, daneben ein Häufchen. Gute Ratschläge nutzend, zwang ich seine Nase in die Scheiße, verpaßte ihm zugleich mit der Zeitung einen Hieb auf seinen Hintern und schalt ihn lautstark alles mögliche, was mit einem Hund nun überhaupt nichts zu tun hatte. Zwei Monate ging das so, und als ich bereits der Verzweiflung nahe war, besann sich *Schnaps* von einem Tag auf den anderen besserer Manieren. Keine Pfütze mehr im Hausgang und kein Häufchen. Ein Festtag! Der Hund war stubenrein!

Es wurde ein grimmiger Winter mit viel Schnee und Temperaturen, die sich tagelang weit unter dem Gefrierpunkt einnisteten. In meiner Schlafkammer im oberen Stockwerk blühten kunstvoll ziselierte Eisblumen an den Fenstern. Neben dem Schlafraum befand sich eine Kammer, die ich noch keiner sinnvollen Nutzung zugeführt hatte und die seit meinem Einzug leerstand. Am Morgen eines eisigen Januarmorgens bemerkte ich, daß die Tür nur angelehnt und nicht ins Schloß geschnappt war. Ehe ich sie zuzog, warf ich einen Blick ins Innere und erstarrte. Der aus alten Brettern bestehende Fußboden bot das Bild einer Kraterlandschaft, vielmehr das »Modell« einer Kraterlandschaft. Gut zwei Dutzend gefrorener Hundehaufen reihten sich in augenfälliger Symmetrie aneinander. Ich war fassungslos. Während ich glaubte, der Hund habe längst begriffen, daß er seine täglichen »Geschäfte« in den Weiten des Almlandes zu verrichten habe, hatte er die Kammer über Wochen als seine private Latrine benutzt. Da ich irgendwann vergessen hatte, die Tür zu schließen, war es für den Hund ein leichtes gewesen, in den Raum zu gelangen. Und da es in dem alten Bauernhaus wahrlich nichts gab, das exakt im Lot hing, war die Tür nach dem Verlassen der Kammer von selbst zugeschwungen. Ich befand mich in einem Zustand knirschender Wut, die, während ich die geeiste Notdurft in einen Eimer schaufelte, einer dumpfen Resignation wich. Als ich fertig war, ließ ich die Tür ins Schloß fallen und versperrte sie. *Schnaps* folgte mir in angemessenem Sicherheitsabstand bis zum Misthaufen auf der Schattenseite des Hofes. Ich würdigte ihn keines Blickes, ignorierte ihn, als ich seine Hinterlassenschaft in das betonierte Geviert kippte. Ohne daß ich ihn dazu aufgefordert hätte, trottete er mit mir zurück ins Haus, kringelte sich auf den Stubenteppich, mimte den Beschämten und schloß die Augen, sobald ich ihn ansah. Von diesem Tag an war *Schnaps* wirklich stubenrein.

Obwohl *Schnaps*, seiner Jugend angemessen, ein äußerst lebhafter und an den Nerven zerrender Hund war, empfand ich es doch als einen Glücksfall, daß er da war. Vom Küchenfenster aus konnte ich ihn beobachten, wie er Gefallen am Winter fand, wie er nach den Schneeflocken schnappte, als wären es Leckereien, die vom Himmel fallen. Wie er in verwehte Mulden Höhlen grub, den Kopf und den Rest seines Körpers ganz tief hineinsteckte, so daß nur noch die gegrätschten Hinterbeine und die unablässig wedelnde buschige Rute zu sehen waren. Ab und zu verließ er kurzzeitig seine Baustelle, um nach Luft zu schnappen, sondierte das Terrain und setzte seine Wühlarbeit mit neu entfachtem Eifer fort. In solchen Momenten fiel es mir äußerst schwer, mich auf meine Schreibarbeit zu konzentrieren, die Pausen zwischen den Sätzen wurden immer länger, es war unterhaltend und kurzweilig, dem Hund bei seinen Grabungen zuzusehen. Dann erging es mir wie dem Verhaltensforscher und Nobelpreisträger Konrad Lorenz, der solchen »Hundstagen« durchaus Positives abzugewinnen wußte: »Wenn man die geistige Arbeit ›bis daher hat‹ ...wenn einen beim Anblick einer Schreibmaschine ein unwiderstehlicher Ekel überkommt ... dann komme ich auf den Hund, oder besser gesagt, ›auf das Tier‹. Ich ziehe mich von der Gesellschaft der Menschen zurück und suche die der Tiere auf, und zwar deshalb, weil ich kaum einen Menschen kenne, der geistig faul genug ist, um mir in dieser Stimmung Gesellschaft zu leisten.«

Allerdings war ich mir durchaus der Gefahr bewußt, die von dem prallen Unterhaltungswert des Hundes ausging: Anstatt mich auf meine Arbeit zu konzentrieren, ließ ich mich in zunehmendem Maße vom Geldverdienen abhalten. Halbe Ewigkeiten verbrachte ich damit, *Schnaps* zuzuschauen, wie er sich von den vier kleinen Gören meines Nachbarn, assistiert von dem umtriebigen Sebastian, im Schnee eingraben ließ, um sich ganz plötzlich, wie von einem Katapult getrieben, aus seiner Lage zu befreien. Dann purzelten die Mädchen wie Kegel durchs Gelände. An derlei Spielen konnte ich mich gar nicht sattsehen, und mit Genuß nahm ich wahr, welche Kräfte der Hund entwickelte. Dabei ging er im Spiel mit den Kindern äußerst behutsam vor, und keines kam jemals durch einen fahrlässigen oder gar beabsichtigten Biß zu Schaden. *Schnaps* konzentrierte seine Angriffe ausschließlich aufs winterliche Equipment, indem er nach abgelegten Handschuhen oder Pudelmützen schnappte und mit seiner Beute davonrannte. Da kam es natürlich schon vor, daß die geraubten Bekleidungsstücke am Ende einer wilden

Flucht nicht mehr zu gebrauchen waren. Als sich die Reklamationen häuften, legte ich in einer Kaffeedose eine »Notkasse« an, aus der ich kleinere Schadensfälle umgehend regulierte. (Natürlich hatte ich auf Anraten erfahrener Hundehalter eine Haftpflichtversicherung abgeschlossen. Für schlimmere Fälle ...)

Im übrigen pflegte *Schnaps* seine kleptomanischen Neigungen bis ins hohe Alter. Den »Erfolg« seiner Diebereien mußte ich mir, zugegebenermaßen, selbst an die Brust heften. Bereits während der ersten Monate unseres Zusammenlebens war es mir nur selten gelungen, seinem bittenden und bettelnden Blick zu widerstehen, wenn ich bei Tisch saß. Eine Scheibe Wurst, ein Stück Fleisch, eine Kartoffel oder Semmel waren stets für ihn bestimmt. Wir aßen gemeinsam, und die Rangfolge offenbarte sich nur darin, daß *Schnaps* auf dem Boden saß und ich, eine Etage über ihm, auf einem Stuhl. (Wobei er bereits nach knapp einem Jahr zu einer solch stattlichen Größe herangewachsen war, daß es ihm keine Mühe machte, das Angebot auf dem Tisch auch im Sitzen zu überblicken.) Die Früchte meiner nachlässigen Erziehung erntete *Schnaps* nicht nur im eigenen Heim, sondern auch bei unseren Nachbarn, was zwangsläufig zu Spannungen führte. Besonders bunt trieb es der Hund bei der Bäuerin Maria Baron, wo *Tina*, die Münsterländer-Dame zu Hause war. Da *Schnaps* auf dem Hof der Barons gut gelitten war und dank seiner regelmäßigen Besuche schon fast zur Familie gehörte, wurde seiner Gegenwart in der Regel keine besondere Aufmerksamkeit geschenkt. Nun war es bei den Barons der Brauch, gelegentlich im Großmarkt einzukaufen, um über einen längeren Zeitraum hinweg gut mit Lebensmitteln versorgt zu sein. So fügte es sich, daß Maria Baron eines Tages vom Großeinkauf zurückkehrte und ihre Lebensmittel in der Speisekammer, gleich neben der Küche, in Regale ordnete. Es waren auch Würste dabei, große, gut und gerne vierzig Zentimeter lange Würste, mit einem Durchmesser von etwa sieben Zentimetern. Es waren sogenannte Kalbfleischwürste, und Klaus, Frau Barons Sohn, mochte sie ganz besonders. Nicht nur er, wie sich zeigte. Kaum hatte die Bäuerin die Küche verlassen, um im Stall nach den Kühen zu sehen, pirschte sich *Schnaps* ins Haus und folgte dem unvergleichlichen Duft, der ihn geradezu gewaltsam zur Speisekammer zog. Nichts Schlimmes wäre passiert, hätte Frau Baron nicht vergessen, die Tür der Speisekammer zu schließen. Was letztlich geschah, erzählte sie mir alsbald mit jenem süßsauren Lächeln, das gute Nachbarn bevorzugen, um einerseits ihren Mißmut kundzutun, andererseits aber wortkarg zu versichern, daß »alles ja gar nicht so schlimm« sei. Und es gab für mich keinen Zweifel, daß sich alles so zugetragen hatte, wie es Maria Baron beschrieb. Demnach hatte *Schnaps* seine ärgsten Gelüste bereits in der Speisekammer gestillt, indem er die eine Hälfte einer der Kalbfleischwürste verschlang, die andere auf dem Boden liegen ließ. Vermutlich hatte er Geräusche gehört, die ihm den Boden unter den Füßen heiß werden ließen. Um für die bevorstehende Flucht ausreichend mit Proviant versorgt zu sein, schnappte er die andere Riesenwurst und rannte, die Beute quer im Maul, aus dem Haus. Frau Baron sagte, sie habe *Schnaps* noch nie so unglaublich schnell rennen sehen. Ich regulierte umgehend den angerichteten Schaden, und somit waren wir wieder gute Nachbarn. *Schnaps* kam an diesem Tag spät nach Hause. Ich saß gerade beim Abendessen, als er in die Küche tapste und sich auch noch erkühnte, mit Bettelblick die übliche Gabe zu fordern. Damit hatte er den Bogen gründlich überspannt! Ich jagte ihn aus der Küche in den Hausgang und zwang ihn auf seinen Platz unter der steil nach oben führenden Holztreppe. Wieder ein Fehler. Denn wie sollte der Hund wissen, daß ich ihn für ein Vergehen bestrafte, das Stunden zurücklag und das mich nicht einmal unmittelbar betroffen hatte? Wir beide mußten noch viel lernen ...

Als *Schnaps* etwa ein Jahr alt war, stand außer Zweifel, daß ich mir mit dem Hund einen dickköpfigen, charakterstarken, ständig zu Kraftproben aufgelegten Alpha-Rüden ins Haus geholt hatte. Und da sein Terrain von keinerlei Zäunen oder sonstigen Barrieren begrenzt war, vergrößerte er fast täglich seinen Aktionsradius, wackelte nach Neukirchen oder Weyarn, weil es da nach Hundedamen roch. Die monogame Phase, während der er seiner Freundin *Tina* die Treue gehalten hatte, war vorbei. Und auch *Hasso*, sein wohlerzogener Spielgefährte, schien ihn zusehens zu langweilen. Sein ausgeprägter Wandertrieb hatte vor allem für mich unangenehme Folgen. Die Anrufe und Klagen von Haltern läufiger Hündinnen häuften sich, und selbst in Lebensmittelgeschäfte, Metzgereien und Friseurläden drang die Kunde vom schlimmen, weißen, großen Hund, der oft stundenlang vor fremden Häusern klagte, weil er zu eingesperrten Hundedamen in wilder Liebe entbrannt war. Als er sich anschickte, ein Einfamilienhaus auszugraben, um möglicherweise unter den Grundmauern hindurch zu einem Dackelmädel zu gelangen, mußte ich einschreiten. Eine alleinstehende Witwe, dem Greisenalter schon ziemlich nahe, bewohnte das Häuschen und hatte vom Fenster aus beobachtet, wie *Schnaps* zunächst ihr sorgsam gehegtes Blumenbeet an der Hauswand umpflügte und dann nahtlos dazu überging, sich an den Grundmauern in die Tiefe zu arbeiten. Zum Glück verfügte die alte, von Entsetzen und Hilflosigkeit getriebene Dame über ein Telefon, und da sie sich angesichts des wild grabenden »Monsters« nicht aus dem Haus wagte, machte sie mich nach einigen Anrufen in der Nachbarschaft als den für *Schnaps* verantwortlichen Menschen ausfindig. Ihre Stimme klang brüchig und salzhaltig. »Das ist kein Hund. Das, das ... ist ein Untier«, stammelte sie und drohte mit der Polizei. Ich versuchte sie zu beruhigen, entschuldigte mich wortreich und versprach, der Randale umgehend ein Ende zu bereiten. Ich erinnerte mich einer Flasche Kirschlikör, die ich unlängst geschenkt bekommen hatte. Vielleicht wäre das süße Zeug geeignet, die aufgebrachte Dame zu besänftigen. Ich fuhr los, brauchte keine drei Minuten bis zu dem umzäunten Grundstück, sah den Hund, der wie besessen das Erdreich an der Hausmauer mit den Vorderpfoten zwischen seinen Hinterbeinen hindurchschaufelte. *Schnaps* war schon verdammt fleißig gewesen. Hinter einem Fenster im Erdgeschoß, umrahmt von beigen Tüllgardinen, erkannte ich das angstvolle Gesicht der alten Dame, die unentwegt auf den unter ihr grabenden Hund starrte. Und zudem war das hysterische Gekreische des Dackelmädels zu hören. Beherzt betrat ich den Garten, nickte der Dame freundlich und zugleich besänftigend zu und unterstrich meine guten Absichten, indem ich die Likörflasche schwenkte. *Schnaps* muß blind und taub vor Liebe gewesen sein, da er sich weder durch meine Gegenwart noch durch meine heftigen Rufe beirren ließ. Also packte ich ihn am Halsband, zerrte ihn zum Auto, öffnete die Heckklappe und expedierte ihn ins Hundeabteil. Die alte Dame jenseits des Fensters wirkte erleichtert, aber keineswegs dankbar. Als ich sie bat, wenigstens das Fenster zu öffnen, um sich mein Bedauern wegen des Vorfalls anzuhören, winkte sie nur energisch ab und raunzte mich hinter Glas an, so daß ich sie nur gedämpft verstehen konnte: »Passen's in Zukunft besser auf ihren Hund auf. Und machen's gefälligst wieder das Loch zu, das das Viech gegraben hat. Die Flasche stellen's vor die Haustür.« Dann verschwand ihr Gesicht jenseits der sanft wehenden Tüllgardinen. Auftragsgemäß schaufelte ich das Loch wieder zu, das fast einen halben Meter tief war, und stellte die Likörflasche auf die Treppe vor der Haustür, obwohl mir der Ton der alten Dame überhaupt nicht gefiel.

Doch empfand ich das klebrige, unmögliche Gesöff in diesem Augenblick weniger als Geschenk, denn als eine gerechte Hinterlist. (Einige Wochen später rief mich die alte Dame an, bedankte sich für den »ausgezeichneten Schnaps« und bat mich, falls es nicht zuviel Umstände machte, ihr doch wieder mal ein oder zwei Fläschchen zu besorgen. Darauf wartet sie sicher heute noch. Falls sie noch lebt.)

Da ich es nach diesem Vorfall leid war, weiterhin meine Reputation in der näheren Umgebung als auch meine Konzentration auf meine Arbeit aufs Spiel zu setzen, entschied ich mich zu einer Maßnahme, die mich und *Schnaps* gleichermaßen schmerzte. Ich kaufte eine Kette, etwa zwei Meter lang, und fixierte damit den Hund auf der Sonnenseite des Hauses. Da er sich noch in einem lernfähigen Alter befand und ich nach wie vor von seiner Intelligenz überzeugt war, müßte es doch mit dem Teufel zugehen, wenn er dieses drastische Signal nicht verstünde. Das eine Ende der Kette befestigte ich an seinem Halsband, das andere an einem Wasserleitungsrohr, das an der brüchigen Hauswand verdübelt war und als Anschluß für den Gartenschlauch diente. *Schnaps* ließ alles willig mit sich geschehen. Er saß auf den Hinterbacken, sah mich erstaunt, ja ungläubig an, und erst als er zu begreifen begann, daß er nun ein Kettenhund war, leerte sich sein Blick. Ich befürchtete bereits, er könnte jeden Moment in Tränen ausbrechen, als er sein Gesicht von mir abwandte, sich langlegte und die Augen schloß. Es sah ganz so aus, als wollte er mit mir nichts mehr zu tun haben.

Kaum saß ich in meinem Arbeitszimmer an der Schreibmaschine, wich mein Unbehagen dem Gefühl, das Richtige getan zu haben. *Schnaps* war auf dem besten Wege, mich dauerhaft zum Narren zu machen. Und nun hatte ich ihn in seine Schranken gewiesen, ihm drastisch gezeigt, daß es höchste Zeit war, die Regeln eines harmonischen Miteinanders zu respektieren. Für mich war er längst viel mehr als nur ein Hund. Aber nur mit seinem Dazutun konnte das auch so bleiben. Natürlich lag es mir fern, ihn künftig als Kettenhund an der Wasserleitung stumm und ergeben leiden zu sehen. Aber zwei, drei Stunden der gewohnten Freiheit beraubt, würden ihn sicher zum Nachdenken zwingen.

Ich saß an der Schreibmaschine und hatte einen guten Lauf. Nach einer Viertelstunde steckte ich vorsichtig den Kopf durchs Fenster und blickte nach unten. *Schnaps* lag immer noch reglos da, den Kopf auf die Vorderpfoten gelegt, die Augen geschlossen. Keine Frage: Er schmollte. Kaum saß ich wieder an der Maschine, vernahm ich ein leises Klingeln, als ob die Glieder einer Kette in Bewegung gerieten. Dazu gesellte sich mißmutiges Knurren, das urplötzlich in ein wütendes Bellen überging. Aha, dachte ich, jetzt ist er erst mal richtig sauer. Das Toben nahm zu, von »sauer« keine Rede mehr, *Schnaps* war außer sich. Sein Anfall endete in einem Bersten und Zischen. Ich stürzte zum Fenster. Zuerst sah ich nur die Wasserfontäne, die entlang der Hauswand etwa drei Meter hoch senkrecht nach oben schoß. Dann sah ich den Hund, der in wilder Flucht, vermutlich von Panik getrieben, über die Wiese hetzte. An der Kette, die immer noch an seinem Halsband befestigt war, schleifte er ein etwa einen Meter langes Wasserleitungsrohr hinter sich her. Ich rannte ins Erdgeschoß und drehte den Haupthahn für die Wasserzufuhr ab. Die Fontäne vor dem Küchenfenster fiel ermattet in sich zusammen. *Schnaps* hatte Schwerstarbeit geleistet. Die Wasserleitung war aus dem Mauerwerk gerissen und exakt über dem Erdboden, an einem verrosteten Verbindungsstück, abgebrochen. Und dann sah ich ihn. Der Wasserhahn am Ende des Rohrs hatte sich an der Wurzel eines Apfelbaums verklemmt, und nun rannte *Schnaps*, an der Kette fixiert, um den Baumstamm und wollte gar nicht begreifen, daß sein Aktionsradius immer enger wurde, so eng, bis er an den Apfelbaum gefesselt war. Der Hund bot ein Bild des Jammers. Er jaulte und schnappte wild um sich, warf sich auf den Rücken und zappelte wie verrückt, von Panik gepeinigt. Und dennoch empfand ich in diesem Moment keine Spur des Mitleids. Ich war nur wütend und näherte mich ihm ganz langsam. Als ich vor ihm stand, erstarrte er und sah mich mit angstvoll aufgerissenen Augen an. Seine Zunge war so lang wie noch nie, und nun tat er mir leid. Ich löste die Kette von seinem Halsband und ließ ihn frei. Mit hängendem Kopf und eingekniffenem Schwanz trabte *Schnaps* zum Haus und verkroch sich unter dem alten Sofa in der Küche. Den ganzen Abend redete ich mit ihm kein einziges Wort.

Während der nächsten beiden Tage war *Schnaps* sehr bemüht, mein Wohlwollen wiederzuerlangen. Sein angeborener kecker, ja herausfordernder Blick war plötzlich von einer ungewohnten Milde und Sanftheit. Und manchmal sah er mich an mit zwei blanken, braunen Fragezeichen, die mir wohl bedeuten sollten: »Bist nicht mehr sauer. Oder?« Die Metamorphose vom unfolgsamen, renitenten, streunenden Rabauken zum allerliebsten, um untadeliges Benehmen bemühten »Begleithund« war wie Sekundenkleber für unsere angeknackste Freundschaft. Ich überhäufte ihn mit Lob und kleinen Leckereien und gestattete ihm wieder, auf dem Teppich vor meinem Bett zu nächtigen. Ich konnte in Ruhe arbeiten, und wenn ich aus dem Fenster blickte, lag *Schnaps* meistens in Sichtweite im Gras, nagte an einem Knochen oder hatte den Kopf auf die Vorderpfoten gelegt. Was er wohl dachte? Vielleicht dies: »So einfach ist es also, einen Menschen glücklich zu machen.« Am Abend in der Stube lag *Schnaps* wie ein großer, weißer Kringel unter dem alten Bauerntisch. Sein Atem war tief und gleichmäßig und ging allmählich in ein derart intensives Schnarchen über, daß die Tischplatte vibrierte. Es war sehr gemütlich.

AM RAND DER KATASTROPHE

Unser kleines Glück währte nur zwei Tage. Am dritten Tag nach dem Rohrbruch war *Schnaps* verschwunden. Wie üblich hatte ich ihn frühmorgens ins Freie entlassen, sein Fressen in den Napf gefüllt, gefrühstückt und mich dann an die Arbeit gemacht. Gegen neun Uhr hatte ich eine Pause eingelegt, um nach dem Hund zu sehen. Er war weder bei *Tina* noch bei

Hasso aufgetaucht, und so setzte ich mich wieder mal ins Auto, um die Fahndung nach Wattersdorf, Neukirchen und Weyarn auszudehnen. Keine Spur vom Hund. Am späten Nachmittag begann es heftig zu regnen, und bis spät am Abend saß ich in der Stube, unterbrach meine Grübeleien in Viertelstundenintervallen und umkreiste mit der Taschenlampe Haus und Nachbarschaft. Ohne Erfolg. Weit nach Mitternacht ging ich zu Bett, döste, schreckte auf, weil ich ein Bellen oder Winseln zu vernehmen glaubte. Wut und Fassungslosigkeit wichen einer tiefen Sorge. Vielleicht war *Schnaps* von einem Auto überfahren worden, lag tot oder schwer verletzt abseits einer Straße. Oder ein Hundefänger hatte ihn mitgenommen. *Schnaps* war ja ein »Menschenhund«, ohne Arg und Mißtrauen Fremden gegenüber. Völlig übermüdet nahm ich in der Morgendämmerung die Suche wieder auf. Nach über einer Stunde fuhr ich, deprimiert und nahezu ohne Hoffnung, wieder nach Hause. Keine Spur von *Schnaps*. Ich versuchte zu frühstücken, der Kaffee schmeckte öde. Ich blätterte in der Zeitung; nichts war für mich von Interesse. Gegen neun Uhr klingelte das Telefon. Ich rannte die Treppe nach oben ins Arbeitszimmer, riß den Hörer ans Ohr.

»Ja?«

»Autobahnpolizei Holzkirchen. Sind Sie Herr König?«

(Atem anhalten, kalter Schweiß) »Ja. Ist was passiert?«

»Noch nicht, aber fast. Gehört Ihnen ein großer weißer Hund?«

(Leichter Schwindel, behutsames Atemholen) »Ja. Wo ist er?«

»Auf dem Parkplatz der Raststätte Irschenberg. Wollte gerade auf die Autobahn. Ist noch mal gutgegangen. Ein Mann hat ihn am Halsband erwischt.«

(Andeutung von Erleichterung) »Bitte warten Sie auf mich. Ich bin in zehn Minuten da.«

»Ist nicht nötig. Er sitzt schon bei uns im Streifenwagen. Ist einfach reingesprungen, als die Tür offen war. Wie heißt er denn?«

(Tiefes Durchatmen) »Er heißt *Schnaps*.«

»Na dann Prost. Wir kommen vorbei. Liegt eh auf'm Weg. Adresse ist bekannt: Reinthal 118. Kenn ich. Schöne Gegend. Ende.«

Es dauerte kaum eine Viertelstunde, als der Streifenwagen vorfuhr. Einer der beiden Polizisten stieg aus und öffnete die hintere Tür. Nichts rührte sich. Ich sah ins Innere. *Schnaps* lag längelang auf der Rückbank, den Kopf auf den Vorderpfoten und schlief. Sein Fell war struppig und zerzaust, und die Grundfarbe Weiß war nur noch stellenweise zu erahnen. Er sah aus, als wäre er von einer Mure verschüttet worden. Der Polizeibeamte legte seine beiden Arme auf die geöffnete Tür und betrachtete den schlafenden Hund. »Besoff'ne sind in unserm Auto ja schön öfter eingeschlafen. Aber ein Hund … Na ja, mit *dem* Namen.« *Schnaps* erwachte, riskierte ein Auge, und als er mich sah, sprang er blitzschnell aus dem Polizeiwagen und rannte ins Haus. Wie mich die Herren denn ausfindig gemacht hätten, wollte ich wissen. Über die Steuermarke am Halsband. Seien ja bei der Gemeinde registriert, Herr und Hund, sagte der Polizist. Und dann malte er ein Szenario, das so schrecklich war, daß es mir eisig über den Rücken lief. Ich sah *Schnaps* auf der Autobahn, notbremsende, berstende, sich überschlagende Autos, Lastwagen und Caravans, Verletzte und Tote. Und mich würde man haftbar machen wegen einer schwerwiegenden Verletzung meiner Aufsichtspflicht. Der Hund wäre tot, und ich würde, angesichts einer derartigen Katastrophe, auch nicht mehr viel Lust am Leben haben. Mir wurde schlecht, und das war gut. Denn nun mußte ich handeln. Es gab zwei Möglichkeiten: Entweder würde der Hund von einem sachkundigen Lehrer zu einem folgsamen, die Grenzen seines Areals respektierenden Begleiter erzogen, oder ich müßte ihn für immer in andere, fähigere Hände abgeben. Eine dritte Variante, für die ich mich letztlich entschied, empfahl mir einige Zeit später ein Tierarzt. Davon wird später noch zu berichten sein.

Die Beinahe-Katastrophe am Irschenberg hatte mein Leben – zumindest kurzfristig – verändert. In ständiger Sorge, der Hund könnte jählings wieder Gefallen an Exkursionen zu Raststätten und Autobahnen finden, geriet ich mit meiner Arbeit bedrohlich in Verzug. Mein Kopf war wie in Watte gepackt, es mangelte an Konzentration und Disziplin, die Sätze flossen als zäher Brei in die Maschine. In regelmäßigen Intervallen rannte ich die Treppe hinunter, um festzustellen, ob sich *Schnaps* noch in Sichtweite befand. Sobald er mich erspähte, suchte er schwanzwedelnd meine Nähe, leckte mir die Hand und sah mich mit zwei großen braunen Fragezeichen an, als wollte er sagen: »Immer noch sauer?« Sauer?! Ich und sauer?! Das war, bei Gott, nur der Summton dessen, was in meinem Innersten vorging. Ich verfluchte den Tag, an dem der Gutmensch in mir mein Hirn lahmgelegt hatte. Dieser Hund war ein Tyrann und Heimtück, der mit subtilem Kalkül auf den Tag hinarbeitete, da ich ihm, gebrochen und bis zur Selbstaufgabe gedemütigt, die Pfote lecken würde. Ja mehr noch: Er schien meine Sorge um den Fortbestand unserer Beziehung und die damit verbundenen zahlreichen Unterbrechungen meiner Schreibarbeit regelrecht zu genießen. Er erfand ein Spiel, an dem allerdings nur er Gefallen hatte. Während ich das Haus umkreiste, nach ihm pfiff und seinen Namen rief, versteckte sich *Schnaps* in dem Holzschuppen oder hinter der Garage, oder er lag bei den Kemels unterm Küchentisch, weil die Mädchen gerade Brotzeit machten und den Hund mit Wurst oder Käse versorgten. Auch alte Semmeln waren ihm recht. Meistens tauchte er gerade dann wieder auf, wenn ich im Begriff war, resigniert oder wütend ins Haus zurückzukehren. Dann gönnte er mir, dem muffigen Spielverderber, einen verächtlichen Blick aus den Augenwinkeln, legte sich auf seinen Platz und gab sich gleichgültig. Und ich war mir ziemlich sicher, daß er bereits ein neues Schurkenstück ausheckte.

Schnaps war nun etwa eineinhalb Jahre alt, ein stattlicher, kräftiger Hund, den alle in der Nachbarschaft liebten und mit Wohltaten überhäuften. Dies hatte zur Folge, daß er fast den ganzen Tag in der näheren Umgebung unterwegs war. Ich ließ ihn gewähren, versuchte mich auf meine Arbeit zu konzentrieren, was nur bedingt funktionierte. In regelmäßig wiederkehrenden Schüben meldeten sich Zweifel an, ob ich überhaupt in der Lage wäre, während der kommenden Jahre das erforderliche Maß an Geduld und Verständnis aufzubringen. Monika machte sich nicht viel aus dem Hund. Gelegentlich nahm sie ihn zwar für ein paar Tage – aus schierer Gefälligkeit – zu sich nach München, wenn ich verreisen mußte. Da langweilte sich der arme Kerl dann ganztags in einem Fotostudio, stellte allerlei Unsinn an, sabberte an die teuren Klamotten und befleißigte sich einer Unart, die im besten Wortsinn für »dicke Luft« sorgte. Er furzte auf Teufelkommraus, eine Zumutung für die feinen, gepuderten Näschen der hochbezahlten, zickigen Models. Ich deutete sein ungehobeltes Benehmen als Ausdruck eines in seiner Kindheit begründeten Widerwillens gegen die Großstadt.

Bis zu diesem Zeitpunkt waren uns unmittelbare Nachbarn erspart geblieben. Nun aber, im zweiten Jahr, drohte Ungemach an der Ostseite, gegenüber dem Eingang. Kaum zehn Meter entfernt und nur durch eine Hecke, ein paar Obstbäume und wilden Wein von meinem Grundstück getrennt, hatte das Ehepaar K. aus München ein über zweihundert Jahre altes Häuschen mit Hilfe von Freunden bewohnbar gemacht, um es künftig an Wochenenden und im Urlaub zu nutzen. Der etwa hundert Quadratmeter kleine Garten wurde begrast, bepflanzt, mit einer eisernen Pumpbrunnenattrappe auf rustikal gehübscht, am Rande des Blumenbeets lümmelte ein Gartenzwerg, und dominiert wurde das Gärtchen von einem Grill, der an Ketten auf einem Dreibein aufgehängt war. Herr und Frau K. waren beide um die fünfzig, Herr K. arbeitete als Ingenieur, ging immer leicht gebückt, vorzugsweise in labberigen Jogginghosen. Frau K. war spindeldürr. Meistens klebten hautenge, mutig gemusterte Leggins an ihren dünnen Beinen, und ihr etwas schütteres Haar disziplinierte sie, vor allem am Sonntag, mit einem Gewirr bunter Lockenwickler. Frau K. war zudem mit einer ziemlich lauten, rauhen Stimme geschlagen. Und wenn sich Herr K. im Haus befand, Frau K. aber im Garten war, um die Wäsche aufzuhängen, dann wurde ihre Stimme so laut, daß ich, in der Stube oder im Arbeitszimmer sitzend, jedes Wort verstehen konnte. Ab und zu bekam sie dann einen fürchterlichen Hustenanfall, weil sie sehr viel rauchte. Herr K. rauchte nicht. Seine Leidenschaft war das Rasenmähen. Zeitig im Frühjahr, gegen Ende April, umkreiste er, noch tiefer gebeugt als sonst, sein Häuschen und überprüfte die Grashalme, die sich gerade mal aus der Winterstarre gelöst hatten und mählich zu wachsen begannen. Anfang Mai, wenn die Gänseblümchen endlich wundersame Ornamente in Herrn K.s immer noch kümmerlichen Zierrasen malten, gab es für ihn kein Halten mehr. Frühmorgens schon war Herr K. auf den Beinen zum ersten Schnitt, folgte äußerst konzentriert dem jaulenden Elektromäher, der Gänseblümchen, Gräslein, Erdreich und Steine durcheinanderwirbelte. Nach getaner Arbeit sah Herr K. indes keineswegs glücklicher aus als zuvor. Vielleicht war er auch nur traurig, weil es nun bis mindestens Ende Juni nichts mehr zu mähen gab. *Schnaps* fühlte sich von dem gepflegten Gärtchen und dem Zierrasen geradezu magisch angezogen. Verbotenes zu tun lag ihm nun mal im Blut, und ein Zaun, den er überspringen mußte, um auf das Grundstück zu gelangen, entfachte zudem seinen sportlichen Ehrgeiz. Vor allem während der Woche, wenn die K.s in München weilten, erforschte *Schnaps* akribisch die Parzelle, wo es immer nach Katzen roch, die er so sehr haßte, und nach Mäusen, denen er mit intensiven Grabungen nachstellte. *Schnaps* wurde zwar ein gefürchteter Mäusejäger, doch stand der Aufwand, den er betrieb, meistens in krassem Mißverhältnis zum Erfolg: Um eines Mäusleins habhaft zu werden, bedurfte es einer ganzen Reihe von »Probebohrungen«, was den K.s natürlich sehr mißfiel. Ich billigte sein Verhalten keineswegs, jagte ihn mehrmals aus Nachbars Garten, entschuldigte mich auch gelegentlich, und einmal reichte ich Herrn K. sogar eine Flasche Wein als Entschädigung über den Zaun. Aber richtig gute Nachbarn wurden wir nie.

Auch an den Wochenenden, wenn das Ehepaar K. in seinem Häuschen auf dem Lande Entspannung suchte, streifte *Schnaps* gelegentlich durchs Gärtchen. Daß er nicht besonders willkommen war, konnte man deutlich hören: »Hau ab!« oder »Weg mit dir! Verschwinde! Marsch nach Haus!« schimpfte Frau K. und bekam nicht selten einen Hustenanfall. Einen kaum zu kittenden Riß bekam unsere nachbarschaftliche Beziehung Ende Mai, an Christi Himmelfahrt, einem Tag, der vor allem als »Vatertag« mit bierseligen Ausflügen gefeiert wird. Das frühsommerliche Wetter schien auch den K.s ideal für ein Gelage im Freien. Man hatte Freunde ins Gärtchen geladen, ein Dutzend etwa, lauter fröhliche Menschen, die sich bei ihren Gastgebern offenkundig in besten Händen wähnten und die sonntägliche Ruhe mit Trinksprüchen, Witzen und donnerndem Gelächter füllten. Zur allgemeinen Kurzweil war ein sogenannter »Nagelbalken« aufgebaut worden, wie er gelegentlich noch auf Jahrmärkten im Schwange ist: ein horizontal auf Böcke gelegtes Vierkantholz, das mit einer Unzahl von langen Nägeln gespickt ist, die mit möglichst wenigen Hammerschlägen bis zum Kopf in das Holz getrieben werden müssen.

Es war einer der ersten warmen Tage im Jahr, und auch mich zog es ins Freie, auf die Südseite des alten Hofs, zu meiner Hausbank. *Schnaps* lag im Gras, ließ sich die Sonne auf den weißen Pelz scheinen und nahm anscheinend keine Notiz vom munteren Treiben in Nachbars Garten. Als die ersten Hammerschläge auf den Balken krachten, gefolgt von Beifall oder spöttischem Gelächter, hob er den Kopf, bellte ein paarmal mißmutig und ließ es damit gut sein. Ich legte mich lang auf die Bank, schloß die Augen und wünschte mir den Montag herbei oder wenigstens einen ergiebigen Regenguß, der die Gesellschaft ins Haus zwingen würde. Plötzlich drehte der Wind und hüllte mich in Schwaden von Holzkohle, heißem Fett und angekokeltem Fleisch. Das Fest strebte offenbar dem Höhepunkt zu. Man grillte. Als ich die Augen öffnete und mich von der Bank erhob, um westseitig unter einem Apfelbaum Schutz vor Lärm und Gestank zu suchen, stellte ich fest, daß *Schnaps* nicht mehr da war. Da ich wußte, daß er dem Geruch von Gebratenem nur schwer zu widerstehen vermochte, pirschte ich mich zum Gartenzaun, geschützt durch dichtes Buschwerk, und spähte durch eine Lücke im Geäst in das Gärtchen von Herrn und Frau K. *Schnaps* war durch das geöffnete Gartentor eingedrungen und von den Gästen, die ihn noch nicht kannten, wohlwollend aufgenommen worden. Frau K. befand sich im Haus.

Die Nase hoch erhoben, die Augen halb geschlossen, nur noch etwa einen Meter von dem großen, kreisrunden, an Ketten aufgehängten Grill entfernt, sog er den Duft ein. Jetzt trat Frau K. ins Freie, gefolgt von ihrem Mann. Frau K. sah den Hund und war außer sich. »Weg! Weg! Ja haust' nicht gleich ab. Marsch! Heim!« Dabei klatschte sie hektisch in die Hände, was die Gäste zu lauthalser Heiterkeit veranlaßte. *Schnaps*, durch das lästige Geklatsche und Gezetere doch einigermaßen verunsichert, drehte noch eine Runde um die qualmenden Würstchen und Fleischstücke, hielt inne, hob ein Bein und pinkelte an den Rand der Glut, daß es zischte. Getragen von Beschimpfungen und einem Aufschrei der Empörung, fegte *Schnaps* aus dem Garten, während ich mich, peinlich berührt, behutsam aus meiner Deckung zurückzog. Von diesem Tag an besuchte *Schnaps* den Garten der K.s nur noch dann, wenn sie nicht da waren.

Seit einigen Wochen bereits hatte das Verhalten des Hundes keinen Anlaß zur Sorge gegeben. Fast war ich geneigt, unser beider Zukunft in einem rosigen Licht zu betrachten. Verfrüht, wie sich bald zeigte. Eines Tages war *Schnaps* weg. Ich hatte ihn am frühen Morgen aus dem Haus entlassen, im guten Glauben, er würde, wie seit geraumer Zeit üblich, seine Exkursionen auf Sichtweite beschränken. Es wäre nicht weiter tragisch gewesen, hätte ich nicht exakt an diesem Tag bei dem Chefredakteur eines Hamburger Magazins einen äußerst wichtigen Besprechungstermin wahrzunehmen gehabt. Die Maschine nach Hamburg ging um 11.20 Uhr. Mein Freund Luke hatte sich bereit erklärt, gegen Mittag nach Reinthal zu kommen, bei mir zu übernachten und sich um den Hund zu kümmern. Am nächsten Morgen würde ich die erste Maschine nach München nehmen, Luke könnte bereits vor meiner Ankunft wieder abreisen, da ein paar Stunden im Haus, ohne Aufsicht, *Schnaps* durchaus zuzumuten waren. Ich setzte mich ins Auto, in der Hoffnung, den Hund auf einer seiner »frühpubertären« Routen ausfindig zu machen. Ohne Erfolg. Die Zeit raste. Bei flotter Fahrt benötigte ich zum damaligen Flughafen München-Riem knapp 25 Minuten. Ich fuhr nach Neukirchen, Wattersdorf, Seeham, fragte bei Bauern nach, ob ein großer weißer Hund ...

»Ach der *Schnaps*. So, so. Ist er schon wieder unterwegs, der Lump? Er war schon mal da, vor ein paar Wochen oder so. Mußt halt an der Autobahn schauen.« Es hatte sich also bereits herumgesprochen. Und die meisten kannten seinen Namen. Unter anderen Bedingungen hätte mich das fast ein bißchen stolz gemacht. Es war weit nach zehn Uhr. Ich mußte zum Flughafen. Und was, wenn er sich nach Hause bequemte, bevor Luke eintraf? Er würde vor verschlossener Tür winseln und kratzen und sich wieder auf den Weg machen, zur Autobahn vielleicht. Schweiß rann mir übers Gesicht, mein Hemd klebte, ich war so wütend, daß ich unentwegt brüllte: »Du verdammter Hund! Du hast einen Scheißcharakter. Ich hasse dich!« Plötzlich wurde ich ganz ruhig und dachte: »Von mir aus. Dann schau, wie du alleine zurechtkommst. Meine Jobs, meine Existenz lasse ich mir von dir jedenfalls nicht kaputtmachen.«

In Weyarn bog ich auf die Autobahn ein. Es war kurz vor halb elf. Ich drehte das Autoradio an, versuchte den Hund aus meinem Kopf zu jagen. Kurzmeldungen auf Bayern 3 mit der guten Nachricht, daß man sich um den Fortbestand des sonnigen Wetters nicht sorgen müsse. Die schlechte Nachricht: »Zwei Kilometer Stau nach einem Unfall auf der Autobahn Salzburg–München vor Hofolding«. Mein Gasfuß wurde leicht, nichts mehr hatte Eile. Ich verließ an der Ausfahrt Hofolding die Autobahn und fuhr zurück nach Reinthal.

Schnaps war immer noch unterwegs. Nicht der Hauch von Zorn oder Wut in mir, nur Resignation. Es war mir gleichgültig, wo sich der Hund im Moment aufhielt, und wann und ob er überhaupt wieder auftauchen würde, war mir ziemlich egal. Ich beschloß, mir um ihn keine Sorgen mehr zu machen. Meine eigenen waren mir wichtiger. Zwei doppelte Obstler festigten diese neue Erkenntnis, und eine Nachricht auf dem Anrufbeantworter besiegelte eine Entscheidung, vor der ich mich bislang stets gedrückt hatte.

E*INE TÖRICHTE* E*NTSCHEIDUNG*

Arne hatte angerufen und seinen Besuch für das kommende Wochenende angekündigt. Wir waren seit Jahren befreundet, und während seines letzten Besuchs vor einigen Wochen hatten sich er, seine Frau und seine beiden Kinder Hals über Kopf in *Schnaps* verknallt. Arne, ein erfolgreicher Bauunternehmer, lebte mit seiner Familie in einem noblen Vorort von Hamburg und nannte eine feine Villa, inmitten eines weitläufigen Parks, sein eigen. Ein hübscher Platz zum Leben und ein Paradies für Hunde. Es galt, drei Telefonate zu führen. Luke war nicht zu erreichen; vermutlich befand er sich bereits auf dem Weg nach

Reinthal. Dem Herrn Chefredakteur teilte ich wahrheitsgemäß, ohne Ausflüchte, meine Hundemisere mit und empfing mitfühlendes Verständnis. Also keine Katastrophe, wie ich befürchtet hatte, sondern eine Verlegung des Termins auf die kommende Woche. Arne erreichte ich in seinem Hamburger Büro.

»Hallo, Arne! Noch interessiert an einem Hund? Einem großen, weißen.«

Im Prinzip: Ja. Aber er müsse natürlich noch mit seiner Frau darüber reden.

»Gut. Mach das. Ich warte auf deinen Rückruf.«

Anruf von Arne, zehn Minuten später:

»Alles klar. Die Familie ist fast ausgeflippt. *Schnaps* kommt nach Hamburg! Wahnsinn! Ich nehme die Limousine, da hat er reichlich Platz. Im Porsche wär's doch etwas eng. Also dann, bis Samstag.«

Ich stand am Fenster und starrte nach Westen. Weiße, fette Gewittertürme bäumten sich im Zeitraffertempo auf zu bizarren Formationen: Der Kampf von zwei Drachen währte nur kurz, ehe ihre aufgeplusterten Schuppenleiber ineinander zerflossen und sich in einen menschenähnlichen Kopf mit wehenden Haaren und großer Nase verwandelten. Die Wolkengebilde waren ständig in Bewegung, verformten sich zu Zwergen und Feen, ein Automobil fuhr steil bergan in den blaßblauen Himmel, und über allem schwebte reglos, ohne ihre Konturen zu verändern, eine pralle, schneeweiße Wolke. Sie sah aus wie ein großer, weißer, schlafender Hund.

Luke kam gegen Mittag. Ich ging ins Freie. Er war sehr verwundert, mich anzutreffen, öffnete die Heckklappe seines Kombi, hatte *Schnaps* mitgebracht. Luke hatte beim Metzger in Weyarn ein paar Wurstsemmeln gekauft. Als er aus dem Laden kam, saß *Schnaps* vor der Tür. Der Hund hatte Luke wohl beobachtet, als er in die Metzgerei ging. Luke mußte nur die Klappe öffnen, und *Schnaps* saß im Auto. Er liebte Lukes Auto, wahrscheinlich deshalb, weil es immer nach Wurstsemmeln roch. Der große, weiße, schlafende Hund am Himmel war mittlerweile hinter einer finsteren Wolkenwand verschwunden. *Schnaps*, das leibhaftige schlechte Gewissen, gönnte mir einen knappen Blick aus den Augenwinkeln und trabte zügig ins Haus, legte sich auf seinen Platz im Hausgang, schloß die Augen und tat so, als wäre er sehr erschöpft.

Wir tranken Kaffee. Luke, die Frohnatur, fand es sehr komisch, daß ich wegen *Schnaps* das Flugzeug verpaßt hatte. Ohne Umschweife kam ich zur Sache.

»Ich werde *Schnaps* weggeben. Arne holt ihn am Wochenende ab, nimmt ihn mit nach Hamburg. Ich pack das nicht mehr.«

Zum erstenmal wurde mir so richtig bewußt, wie sehr Luke den Hund mochte. Er wurde wütend, und das war neu.

»Das kannst du nicht machen! Der Hund gehört zu dir – und ein bißchen ja auch zu mir. Verdammt noch mal! Gleich alles hinschmeißen, wenn's mal nicht läuft. Find ich Scheiße. Find ich richtig Scheiße!«

Luke war aufgesprungen und ging in der Stube auf und ab. Er kannte Arne seit vielen Jahren. Und er schätzte ihn und gönnte ihm das Beste. Aber nicht den Hund. Luke setzte sich auf die Ofenbank und vergrub sein Gesicht in den Händen, schüttelte unentwegt den Kopf.

»Dann nimm du ihn«, sagte ich.

»Ich kann nicht«, murmelte er, »ich bin viel unterwegs und außerdem …«

»Ich kann auch nicht«, unterbrach ich ihn, »nicht mehr. Dieser Hund bedroht meine Existenz. Ich bin bereits in argen Schwierigkeiten.«

Plötzlich erhob sich Luke von der Ofenbank, ging nach draußen, holte etwas aus seinem Auto und steuerte auf direktem Weg die Küche an. Nach einer Weile kam er in die Stube zurück, gefolgt von *Schnaps*, der gierig den Duft aufsog, der von einem in Alufolie verpackten und mit einer roten Schleife geschmückten Geschenk ausging. Luke legte das Päckchen auf den Fußboden, kraulte den Hund am Ohr und flüsterte:

»Da, mein Alter. Sollte nur 'n Mitbringsel sein. Jetzt kriegst es halt zum Abschied.«

Dann setzte er sich neben *Schnaps* auf den Boden und betrachtete versonnen den Hund, der mit Krallen und Zähnen die Verpackung zerpflückte, bis ein bleicher, großer, frischer Kalbsknochen vor ihm auf dem Teppich lag. Er schnappte den Knochen und tänzelte mit hocherhobenem Kopf und wehender Rute nach draußen. Was ich nie gewußt hatte, jetzt ahnte ich es zumindest: Für Luke bedeutete meine Entscheidung einen ganz persönlichen, herben Verlust. Wir gingen ins Freie und sahen dem Hund zu, der im Gras lag und mit Hingabe an seinem Knochen nagte. Luke, der einen Kopf kleiner war als ich, sah mich an und sagte:

»Überleg's dir gut. Er wird dir mehr fehlen, als du denkst.«
Dann setzte er sich in sein Auto und fuhr davon.

Am Samstag kam Arne. Er hatte seine Frau Karin dabei und seine beiden kleinen Söhne Christian und Matthias. Der ganzen Familie stand ihr unverhofftes Glück ins Gesicht geschrieben. Alle strahlten, und die beiden Buben herzten und knuddelten *Schnaps*, der unentwegt Blickkontakt zu mir suchte. Ich war mir ganz sicher, daß er etwas ahnte. Mir war zum Kotzen elend. Arne erkannte wohl, was in mir vorging.

»Du kannst dir's ja noch mal überlegen«, sagte er.
»Kein Problem«, log ich. »Ich hab's mir gründlich überlegt. Und ich bin sicher, er ist bei euch in guten Händen.«

Ich empfand es als Erleichterung, daß Arne in Eile war und noch am Abend in Hamburg ankommen wollte. So geriet der Abschied zwar schmerzhaft, aber kurz. Ich legte *Schnaps* sein Halsband um, gab Arne außer der Leine noch einige gute Ratschläge bezüglich Fütterung und Impfungen und legte die Hundedecke auf den Rücksitz der großen Limousine. Der vertraute Geruch würde *Schnaps* das Fremde, so hoffte ich, weniger fremd erscheinen lassen. Arne nahm *Schnaps* an der Leine und führte ihn zum Auto, gefolgt von Karin und den Kindern. Unentwegt blickte sich der Hund um, und erst als ich zu ihm kam, ihm den Kopf kraulte und einen aufmunternden Klaps auf den Hintern verpaßte, sprang er auf den Rücksitz. Das Platzangebot war etwas beschränkt, da sich auch noch die beiden Buben neben ihn quetschten. Aber an wohlwollender Zuwendung würde es ihm während der Fahrt nach Hamburg bestimmt nicht fehlen. Als der Wagen vom Hof rollte, sah ich im Rückfenster zwei Kinder, die mir zuwinkten und, eingerahmt von den lachenden Bubengesichtern, den mir zugewandten Kopf von *Schnaps*. Starr blickte er nach hinten, und ich stand da wie gelähmt, unfähig, die Hand zu einer letzten freundlichen Geste zu erheben. Der Wagen bog in die Dorfstraße ein und verschwand hinter dem Haus der Familie K. *Schnaps* befand sich auf dem Weg in ein neues Leben, ein neues Zuhause. In diesem Augenblick erschien es mir unwahrscheinlich, ihn jemals wiederzusehen.

Ich ging zu den Obstbäumen auf der Ostseite, hinter der Garage, setzte mich unter den großen Apfelbaum, meinen »Grübelplatz«, den ich sommers oft aufsuchte, um mit mir ins Reine zu kommen – oder es einfach zu genießen, wenn ich mit mir im Reinen war. Dieser Platz hatte für mich etwas Magisches, absolut Positives, und unter seinem Blätterdach kam mir schon manche gute Idee, wenn es dringend nottat, einer guten Idee auf die Sprünge zu helfen. Nun saß ich im Gras, den Rücken an den alten, knorrigen Stamm gelehnt und versuchte die Leere in meinem Kopf zu füllen, die mein »Verrat« an *Schnaps* hinterlassen hatte. Es war grotesk: Anstatt mich – der lästigen Bürde entledigt – endlich zufrieden und frei zu fühlen, begann ich bereits jetzt, kaum daß der Hund vom Hof war, mich meines Kleinmuts und meiner Ungeduld zu schämen.

Meine Gedanken machten sich auf den Weg Richtung Norden, folgten Arnes Limousine, die wahrscheinlich bereits das Brunntaldreieck passiert hatte. Vielleicht befanden sie sich ja auch schon in der Nähe von München. Arne galt als ein überaus flotter Fahrer. Ich ging zum Haus zurück, über die Wiese, und blieb vor einer zerwühlten Stelle im Gras stehen. Das Erdreich war umgegraben und sorgfältig wieder aufgehäuft worden. Ich bückte mich und schob mit den Händen den Humus beiseite. Ich hatte *Schnaps'* letztes »Depot« entdeckt, einen angenagten Kalbsknochen, Lukes Abschiedsgeschenk. Behutsam bedeckte ich ihn wieder mit Erde.

Es wäre übertrieben zu behaupten, daß mir die Arbeit nun, da *Schnaps* nicht mehr da war, flotter von der Hand ging. Er blieb in meinem Kopf, und das sehr intensiv. Futternapf und Wasserschüssel hatte ich in den Stall verbannt, ebenso seine Matratze, die immer unter der Treppe lag. Bereits am zweiten Tag nach *Schnaps'* Abschied war *Tina* verwirrt schnüffelnd ums Haus geschlichen, hatte sich unter meinem Arbeitszimmer ins Gras gelegt, gebellt und gewinselt und schien die Welt nicht mehr zu verstehen. Nach fast einer Stunde vergeblichen Flehens war sie wieder davongetrollt. Die Kemel-Kinder, die besonders im Winter mit *Schnaps* ihren Spaß gehabt hatten, waren sehr traurig, und der kleine Sebastian, der sich auch immer einen großen, weißen Hund gewünscht hatte, war den Tränen nahe. Wenn ich ihn auf der Straße traf, bereitete es ihm deutlich Mühe, mich zu grüßen, er zog einen Flunsch und ging mit gesenktem Kopf an mir vorbei. Herr Acher und seine Frau begriffen meine Entscheidung überhaupt nicht, und *Hasso*, ihr Schäferhund, lag tagelang am Gartenzaun und starrte unverwandt in die Richtung, aus der *Schnaps* wenigstens einmal am Tag gekommen war. Meine Freunde Heinz und Matt, die Bauern aus Thalham und Reichersdorf, sahen die jüngste Entwicklung positiv und ganz pragmatisch: »Sei froh, daß der Hund weg ist. Warst mit dem Viech ja ang'hängt wie a Kuh an der

Kett'n. Außerdem g'hört a Hund in a Familie. Und du hast ja koane.«

Monika nahm die Nachricht erwartungsgemäß gelassen auf, da sie mithin der unangenehmen Pflicht enthoben war, sich ab und an um den Hund zu kümmern. Und meine Nachbarn, das Ehepaar K., entwickelten ganz plötzlich eine nachgerade lästige Freundlichkeit, die mich dazu zwang, im Rahmen meiner Möglichkeiten auch freundlich zu sein. Muffig und verbiestert waren sie mir lieber gewesen.

Die neu gewonnene Freiheit und Unabhängigkeit wahrnehmend, fuhr ich während der ersten beiden Wochen fast täglich nach München, abends vor allem, um mich mit Freunden zu treffen, Skat zu spielen und ein paar Bierchen zu trinken. Wenn es nicht mehr ratsam schien, mit dicker Birne nach Hause zu fahren, übernachtete ich in München. Die Möglichkeiten waren vielfältig, und da meine Beziehung zu Monika sich ohnehin dem Ende neigte, nutzte ich sie mit Vergnügen. Eigentlich war es doch ganz angenehm, keinen Hund zu haben.

Ein paar Tage nach ihrer Ankunft in Hamburg hatte Karin am Telefon euphorisch vermeldet, daß sie mit *Schnaps* alle sehr glücklich seien und daß es dem Hund gutgehe. Er sei zwar ziemlich lebhaft, habe den feinen, cremefarbenen Teppichboden bereits etwas angeknabbert, die Haustür mit seinen Krallen bearbeitet und ein paar Rosenstöcke ausgegraben. Aber im großen und ganzen sei er wirklich ein ungewöhnlich lieber Hund. Vielleicht noch dies: Sein stundenlanges, baßkehliges Bellen, dessen er sich bereits am frühen Morgen befleißige, sei etwas nervig. Aber das liege sicher an der Umstellung auf das noch fremde Umfeld. In kurzer Zeit würde er sich an sein neues Zuhause ganz sicher gewöhnt haben. Meinte Karin.

In der dritten Woche fehlte mir der Hund an allen Ecken und Enden. Ich schrieb, so gut es ging, irgendwelche Artikel und stellte fest, daß meine Arbeitsmoral keinen spürbaren Aufschwung erlebte. Das Haus war ohne den Hund leer und auch viel zu groß. Es gab untrügliche Zeichen dafür, daß ich einen kaum zu reparierenden Fehler begangen hatte. Am Abend saß ich am Tisch in der Stube und starrte dumpf hinüber zu der Bank am Kachelofen, unter der sich *Schnaps* mit Hingabe geräkelt hatte. Anders als früher war mein Schlaf unruhig, ich erwachte zeitig, und nicht selten erwartete ich mit dem ersten Augenaufschlag das Kratzen an der Schlafzimmertür oder wenigstens ein Bellen. Als sich schließlich *Schnaps* gar mehrmals in meine Träume schlich, faßte ich einen Entschluß. Ich würde Arne und Karin anrufen und sie einfach bitten, *Schnaps* wieder an mich zurückzugeben. Zudem konnte ich mir nicht vorstellen, daß er sein Glück in einer feudalen Villa und in einem gepflegten, nahezu antiseptischen Park finden würde. In einem Park, der noch dazu von einem Zaun umgeben und durch ein großes schmiedeeisernes Tor von der Außenwelt abgetrennt war. *Schnaps'* Lebensraum war nie durch Zäune reglementiert worden, und vielleicht litt er mittlerweile an Klaustrophobie oder an Schwermut. Bei mir jedenfalls hatte er nie den Teppich angenagt. Und ausgerechnet Hamburg! Mein Freund Luke, aus einer angesehenen Hamburger Kaufmannsfamilie stammend, hatte eine Menge mehr oder weniger guter Gründe gehabt, der Hansestadt den Rücken zu kehren und sich in Bayern niederzulassen. *Schnaps* war ein Urbayer, ein Münchner; er wurde in München geboren, lebte übers Säuglingsalter hinaus in München und konnte nur mit viel Glück dem Münchner Tierheim entrinnen. Eine schnörkellose Vita, die Luke unlängst zu dem Orakel veranlaßt hatte: »Ich versprech's dir, daß *Schnaps* in Hamburg nie richtig glücklich wird. Nicht mal mir ist's gelungen.«

Also telefonieren, über den eigenen Schatten springen, die Gefahr auf sich nehmen, den Hamburger Freunden als unzuverlässiger Wechselbalg in Erinnerung zu bleiben. Arne anrufen, oder Karin! Am besten gleich! Ich griff zum Hörer, wählte die Nummer, legte wieder auf. Drei- oder viermal. Es war nichts zu machen. Ich dachte an die beiden Kinder, für die eine Welt zusammenbrechen würde. Außerdem war es allein *meine* Entscheidung gewesen. Schluß mit Jammern. Der Hund bleibt, wo er ist.

Die Wochen zogen sich hin, zäh wie Altöl. Eineinhalb Monate war *Schnaps* nun schon in Hamburg. Ich dachte noch oft an ihn, nicht ohne Wehmut. Besonders schlimm war es, wenn ich in den Stall ging und mein Blick auf den Futternapf und die Wasserschüssel fiel. Da wurde ich richtig sentimental und kam mir dann ziemlich albern vor.

Ich saß vor der Glotze, es war kurz nach acht, Tagesschau. Das Telefon klingelte. Karin war dran. Ihre Stimme klang seidenweich, und es fiel ihr schwer, auf den Punkt zu kommen. Der *Schnaps* sei ja fraglos ein sehr lieber, mit einem starken Charakter ausgestatteter Hund. Aber es gebe mittlerweile doch einige schwerwiegende Probleme, die das Zusammenleben mit ihm recht mühsam machten. (Auf meiner Stirn perlte Schweiß, mein Hals wurde trocken, in meinem Inneren brandete stiller Jubel auf.) »Mußt gar nicht weiterreden, Karin«, unterbrach ich sie, »es war halt ein Versuch. *Schnaps* hat die Probezeit nicht bestanden, das ist alles. Und mit zunehmendem Alter wird das bei dieser Rasse noch schlimmer. Hab ich gelesen. Ich komme morgen, am Nachmittag bin ich da.« Karin versicherte mir noch, wie peinlich ihr die ganze Sache sei, natürlich auch Arne. Man könnte ja versuchen, den Hund woanders unterzubringen, falls ich ... Wenn die gute Karin gewußt hätte, was in mir vorging. Beide erleichtert, beendeten wir unser Gespräch.

Anders als damals, als Mitleid nahezu die einzige Triebfeder gewesen war, einen kleinen Hund vor dem Tierheim zu bewahren, war ich mir dieses Mal der Tragweite meiner Entscheidung voll bewußt. Und anders als damals hatte ich Erfahrung und wußte, was mir mit der Rückkehr von *Schnaps* bevorstand: eine Menge Ärger, die Reduzierung des eigenen Freiraums auf die

Bedürfnisse eines Hundes, zusätzliche Kosten für Futter, Haftpflicht und Tierarzt und ordentlich Dreck und Hundehaare im Haus. Doch das alles war an diesem Abend ohne Belang. *Schnaps* kam wieder nach Hause; nur das zählte. Zwei doppelte Obstler schienen mir angemessen, um vorab auf unsere gemeinsame Zukunft zu trinken. Dann ging ich in den Stall, holte den Freßnapf, die Wasserschüssel und die Matratze, legte das Polster an seinen alten Platz und füllte die Schüssel mit Wasser. Als stünde *Schnaps* bereits draußen vor der Tür. Um krause Gedanken oder gar Zweifel erst gar nicht aufkommen zu lassen, ging ich früh ins Bett. Zum erstenmal seit Tagen schlief ich traumlos und ausgiebig, stand um sieben Uhr auf, frühstückte und machte mich zwei Stunden später auf den Weg nach Hamburg.

LIEBER WURST STATT BLUMEN

Etwa sieben Stunden brauchte ich bis Hittfeld, einem Vorort von Hamburg, nahe der Autobahn Hannover–Hamburg. Kaum größer als ein Dorf, klein, aber fein. Obwohl ich zum erstenmal da war, hatte ich keine Mühe, das imposante Anwesen von Arne und seiner Familie zu finden. Das große, schmiedeeiserne Tor war geschlossen. Ich hielt an, stellte den Motor ab und stieg aus. Niemand war zu sehen. Das großzügig gebaute, eingeschossige und mit hübschen Sprossenfenstern versehene weiße Haus, etwa fünfzig Meter von dem Tor entfernt, war von prächtigem, altem Baumbestand umgeben und über eine geteerte Auffahrt zu erreichen. Meine Knie flatterten, und das Knödelchen im Hals schwoll an zu einem Kloß. Auf der mir abgewandten Seite des Hauses bellte in dumpfem, pausenlosem Stakkato ein Hund. *Mein* Hund! Ich war aufgeregt wie vor einem lange erhofften Rendezvous. Einziger Unterschied: Statt Blumen hatte ich eine Wurst mitgebracht.

Behutsam öffnete ich das Tor, fuhr ein paar Meter die Auffahrt hinauf und schloß das Tor. Ganz offensichtlich war meine

Ankunft noch nicht bemerkt worden. Auch nicht von *Schnaps*, dessen Bellen unvermindert anhielt. Ich schlich in den Park und duckte mich hinter dem Stamm einer mächtigen Buche. Dann stieß ich einen Pfiff aus, nicht irgendeinen, sondern unseren ganz speziellen, den ich früher oft, allerdings mit wechselndem Erfolg, angewandt hatte. Das Bellen verstummte, wie abgeschnitten. Und dann kam er. Mit mächtigen Sätzen fegte er um die Hausecke, groß und weiß, mit flatternden Schlappohren, wie *Fuchur*, der »Glücksdrache« aus der »Unendlichen Geschichte«. Plötzlich hielt er inne, entdeckte mein Auto, rannte auf geradem Weg dorthin. Ich duckte mich noch tiefer, machte mich so klein wie möglich und bemerkte erst jetzt, daß ich in der Aufregung vergessen hatte, die Fahrertür zu schließen. Mit einem Satz war *Schnaps* im Innern, sprang auf die Rückbank, trat mit seinen Pfoten gegen das Gitter, das die Ladefläche von den Rücksitzen trennte, machte kehrt und stürmte ins Freie. Für ein paar Augenblicke stand er da, wie angewurzelt, Nase und Rute hoch erhoben. Siehst gut aus, dachte ich, sehr gepflegt. Wie der Hund besserer Leute. Auf einmal löste sich *Schnaps* aus seiner Starre, der Kopf kippte nach unten. Die Nase ganz dicht über dem Boden, folgte er dem Geruch, der ihn nicht mehr losließ und ihn, wie an einer Schnur gezogen, zu der dicken Buche führte, hinter der ich mich versteckt hielt.

Unsere erste Berührung nach langer Zeit glich einem Erdbeben. Noch immer in Hockstellung, war es dem Hund ein leichtes, mich aus dem Gleichgewicht zu bringen. Jaulend und japsend sprang er mich an, stieß seine Vorderpfoten so kräftig gegen meine Schultern, daß ich hintüber kippte und rücklings im Moos zu liegen kam. Fiepsend wie ein Welpe, leckte er mein Gesicht, bekam mit seinen Zähnen ein Ohr zu fassen, ohne es jedoch zu verletzen. Ich legte meine Arme um seinen wolligen Nacken und versuchte ihn zu beruhigen. »Ist ja gut, mein Alter. Ich freu mich ja auch. Riechst allerdings etwas streng aus dem

Hals. Ist dir wohl auf den Magen geschlagen, die Trennung.«
Als hätte er noch etwas Wichtiges zu erledigen, ließ *Schnaps* plötzlich von mir ab und trabte zurück zum Haus. Ich stand auf und folgte ihm. Karin kam mir entgegen. Sie schien sehr erleichtert zu sein und begrüßte mich überschwenglich. Arne war im Büro in Harburg, ihre Söhne Christian und Matthias standen da mit gesenkten Köpfen. Ohne Zweifel hätten sie *Schnaps* gerne behalten. Zunächst bedurfte mein Gesicht, von der Hundezunge angesabbert, einer gründlichen Reinigung. *Schnaps* saß währenddessen vor der offenen Tür und ließ mich nicht aus den Augen. Als ich mein Gesicht getrocknet hatte und das Badezimmer verließ, geschah etwas, das uns schier zu Tränen rührte. *Schnaps* packte mit den Zähnen seine Decke, die im Gang lag, schleifte sie ins Freie, die Auffahrt hinab bis zu meinem Auto. Dort legte er sie ab und ließ sich genüßlich auf ihr nieder. Auch während der nächsten Stunde, die ich mit Karin und den Buben im Haus verbrachte, rührte er sich nicht von der Stelle. Er traute mir wohl noch nicht so recht.

Angesichts der Schäden, die *Schnaps* in seiner feinen Bleibe während der vergangenen sechs Wochen angerichtet hatte, fiel es mir nicht schwer, die Leiden der Familie nachzuempfinden. Der weiße Lack an einigen Türen war bis aufs blanke Holz zerkratzt, der hochflorige, cremefarbene Teppichboden angeknabbert, Stuhlbeine malträtiert, und stellenweise fehlte an den in einem warmen Gelb gehaltenen Wänden schlichtweg die Farbe. Um so erstaunlicher für mich, daß es die Familie mit dem Rabauken solange ausgehalten hatte. Zumal *Schnaps* von Anfang an eindeutige Signale seiner Verzweiflung gesendet hatte: Stundenlang, so Karin, sei er fast täglich vor dem verschlossenen Tor gesessen, habe in die jenseitige Richtung gebellt und geheult wie ein Wolf, wahrscheinlich darauf hoffend, daß ich kommen würde, um ihn abzuholen. Ich hielt diese Interpretation denn doch für etwas übertrieben, aber sie gefiel mir. Einer der beiden Buben – ich weiß nicht mehr genau, wer –

weinte, als wir abreisten. Karin winkte uns nach, als wir das Tor passierten. Ich sah in den Rückspiegel, weil ich ein kurzes, gedämpftes Poltern zu vernehmen glaubte. Vielleicht war es der Stein, der Karin in diesem Moment vom Herzen fiel. Wie sehr muß *Schnaps* außer sich gewesen sein, als er, auf Spurensuche, wie ein Irrwisch durch mein Auto gefegt war. Die Wurst jedenfalls, die ich, in Papier eingewickelt, auf den Beifahrersitz gelegt hatte, war immer noch da. Jetzt entfernte ich die Verpackung, lehnte mich weit zurück und machte meinen Arm ganz lang, gerade so weit, daß das eine Ende der Wurst durch das Gitter reichte. Im Rückspiegel sah ich, wie sie *Schnaps* ganz vorsichtig zwischen die Zähne nahm und sich niederlegte. Einem kurzen, gleichmäßigen Schmatzen folgte ein tiefer, zufriedener Seufzer.

Wir übernachteten in Hamburg, in der Wohnung meines Verlegers Hans-Helmut Röhring. Außer mir gab es wohl kaum jemanden, der über die Rückkehr von *Schnaps* ins Bayerische so glücklich war wie er und seine Frau Barbara. (Sie waren geradezu vernarrt in den Hund, und ihre Liebe und Zuneigung schienen ohne Ende zu sein. Sie gipfelten darin, daß sie mich jahrelang beknieten, über *Schnaps* und unsere Freundschaft ein Buch zu schreiben, »ihm ein Denkmal zu setzen«, wie es der Verleger nannte.) An diesem Abend machte *Schnaps* deutlich, wie sehr er unter der Trennung gelitten hatte. Wenn ich auf die Toilette ging, folgte er mir und legte sich vor die Tür, als hätte er Sorge, ich könnte mich heimlich aus dem Staub machen. Als ich mich im Gästezimmer für die Nacht einrichtete, war es keine Frage, daß *Schnaps* auf dem Teppich neben dem Bett schlafen würde. Die wiedergewonnene Nähe behagte uns beiden.

Am späten Nachmittag des nächsten Tages machten wir uns auf den Weg nach Süden. Kurzer Stopp an der Raststätte Fulda: Tanken, ein schneller Kaffee und für *Schnaps* frisches Wasser, eine Bockwurst und ein dringender Abstecher in die Büsche. Dann weiter, so schnell die Kiste lief. Der Hund schlief in seinem vergitterten Abteil, schnarchte wie ein Mensch und seufzte ab und zu im Traum. Es war fast Mitternacht, als ich an der Ausfahrt Weyarn den Blinker setzte, vom Gas ging und die Autobahn verließ. Mit einemmal wurde es im hinteren Abteil unruhig. *Schnaps*, aufrecht stehend, fiepste und winselte, scharrte mit den Pfoten am Gitter. Nach fast achtstündiger Fahrt hatte ihm sein Instinkt Vertrautes signalisiert – in stockdunkler Nacht! Und als wir ein paar Minuten später in Reinthal ankamen, am Baron-Hof vorbeifuhren, der nur in seinen düsteren, lichtlosen Umrissen zu erkennen war, begann *Schnaps* so heftig zu bellen, daß es für mich keinen Zweifel gab: Seine Begrüßung galt *Tina* und sollte wohl heißen: »He! Mädel! Ich bin wieder da!«

Als wäre der verlorene Sohn heimgekehrt, bekam ich in den folgenden Tagen Lob und Zuspruch von vielen Seiten. Luke war natürlich überglücklich und auch ein wenig stolz, weil sein Orakel recht behalten hatte. *Hasso*, der Schäferhund, erwachte zu neuem Leben, eine Entwicklung, die Herrn Acher sehr gefiel. Der kleine Sebastian begrub seinen Groll, den er gegen mich gehegt hatte, und grüßte wieder im Überschwang, wie in besten Zeiten. Und *Tina* tänzelte wie eh und je mit schwingenden Hüften und kokettem Augenaufschlag ums Haus, was *Schnaps* natürlich nicht verborgen blieb. Nur das Ehepaar K. vermochte die allgemeine Euphorie im Dorf nicht so recht zu teilen. Vielmehr begann Herr K. unmittelbar nach *Schnaps'* Rückkehr den nordseitigen Zaun auszubessern. Er und seine Frau hatten ihre sechs Wochen während freundliche Phase abrupt beendet und gaben sich mir gegenüber wieder reserviert und muffig. Aber da ich sie in keiner Phase leiden konnte, waren sie mir so noch am liebsten.

Schnaps' Abwesenheit war für seine Beziehung zu *Tina* nicht ohne Folgen geblieben. Sie hatte sich mit *Maxi* getröstet, einem rabenschwarzen Schäferhundmischling, der *Schnaps* schon mehrmals angegriffen und einmal sogar am Hinterlauf verletzt hatte. Er befand sich meistens in Begleitung eines jungen Burschen, der ihm allerlei beigebracht hatte und der es offenbar mit Vergnügen sah, wenn *Maxi* unser Grundstück mit seinem üblichen Was-kostet-die-Welt-Gehabe querte und *Schnaps* in dessen Revier provozierte. Während der ersten, weitgehend harmlosen Auseinandersetzungen war *Schnaps* noch zu jung und unerfahren gewesen, um dem ausgebufften schwarzen Rüpel einen Denkzettel mit auf den Weg zu geben. Das ärgerte mich, und ich wünschte mir sehr, daß *Schnaps* irgendwann den Spieß umdrehen würde. Ein paar Tage nach unserer Rückkehr aus Hamburg kam es zum »Showdown«. Und *Maxi* machte die schmerzhafte Erfahrung, daß *Schnaps* inzwischen erwachsen geworden war.

Vom Fenster meines Arbeitszimmers aus sah ich ihn, noch ehe ihn *Schnaps* wahrnahm: Schwarz wie ein Scherenschnitt, mit weit ausholenden Sätzen kam er den Feldweg entlang und stürmte geradewegs auf *Schnaps* zu, der im Gras lag und voller Hingabe, die Welt um sich herum vergessend, an dem alten Knochen nagte, den ihm Luke zum Abschied geschenkt hatte. Jetzt hatte *Schnaps* den Angreifer bemerkt. Er sprang auf und stellte sich, *Maxi* zugewandt, breitbeinig über den Knochen, sträubte seinen Nackenpelz, senkte den Kopf und zog die Lefzen hoch. Für den schwarzen Eindringling war diese Reaktion neu. Er stutzte und sah etwas verwundert drein. Ich war ziemlich aufgeregt, drückte *Schnaps* die Daumen und rannte nach unten. Das Kommende wollte ich auf keinen Fall versäumen, und irgendwie hatte ich das Gefühl, daß es sich lohnte, dabeizusein. Ich setzte mich auf die Hausbank und war sehr gespannt. Breitbeinig, mit gesenkten Köpfen standen sich die beiden Hunde gegenüber, die entblößten Kiefer zwei Handbreit voneinander entfernt.

Die erste Attacke startete *Maxi*. *Schnaps* wehrte sie geschickt ab und ging nun seinerseits zum Angriff über, warf sich quer über seinen Gegner und drückte ihn zu Boden. Zu allem Überfluß kam nun auch noch *Tina*, die sich gleichsam verschüchtert

Schnaps war sehr stolz auf sein Revier, um das ihn andere Hunde beneideten: Kein Zaun – nur endlose Wiesen und reichlich Bäume.

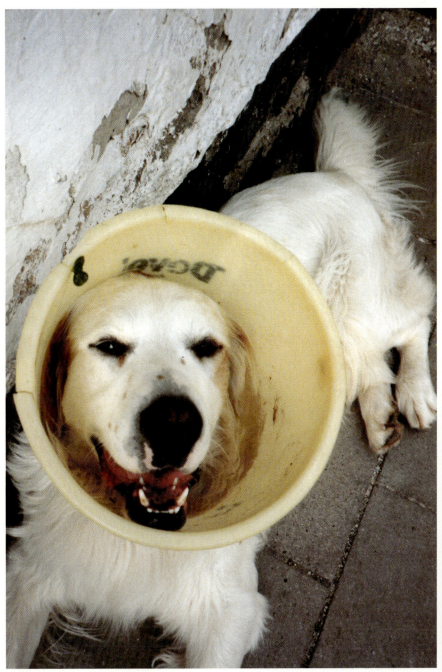

Nach einer beinahe mißglückten Operation mußte sich *Schnaps* zwei Wochen lang mit einem lästigen »Beißschutz« herumplagen.

Fehmarn, außen: Kein guter Platz für einen Hund, der Wasser haßt.
Fehmarn, innen: Ein guter Platz für einen Hund, der Menschen mag.

Gruppenbild mit Herr und Hund: *Schnaps*, gerade mal zwei Jahre alt, vor dem alten Bauernhof in Reinthal (o. l.). Sechs Jahre später zog es die beiden für zwölf Monate auf die Medalges-Alm in den Dolomiten. Es gab eine Menge Brennholz zu hacken (o. r.), obwohl der Winter es gut mit den »Aufsteigern« meinte und sich oft von der sanften Seite zeigte (u. l.). Am Ende des Jahres war auch des Autors Haupthaar fast zu »Maremmaner«- Weiß gebleicht (u. r.).

Eine dicke Freundschaft entspann sich zwischen *Schnaps* und *Niki*, dem Lawinenhund. Giovanni, sein Herrchen, war immer dabei (o.).

Eine verletzte Pfote als Folge der Wühlarbeit nach Mäusen (u.).
Rückkehr zu einem vertrauten Platz: Weggabelung auf dem Sobutsch.

Hart ist das Leben in den Bergen – besonders bei Neuschnee (o.).
Was denkt der Hund? »Die Speisenfolge ist enttäuschend.« (u.).

Begrenzte Freiheit über den Wolken: *Schnaps* auf seinem bevorzugten Ausguck in unmittelbarer Nähe der Furcia-Hütte.

Auch im eigenen Revier empfiehlt sich eine gelegentliche Auffrischung der Markierung (o.). Falls ein Rivale auf dumme Gedanken kommt…

In der Ruhe liegt die Kraft (u.). Eine Devise, der Hund *und* Herr mit fortschreitendem Alter gleichermaßen zugeneigt waren.

Für Kinder war *Schnaps* stets ein sanfter und geduldiger Spielkamerad (o.). Kühe hingegen haßte er aus Leibeskräften.

Schnaps war in die Jahre gekommen. Aber kleine Bergtouren – mit vielen Pausen – waren für ihn immer noch das schönste.

Nach zehn Jahren hat *Schnaps* ein Feindbild begraben: *Attila*, das kecke Kätzchen, gewann im Handumdrehen seine Sympathie.

Dicke Freunde, ein ganzes Hundeleben lang: *Schnaps* und unser Verleger Hans-Helmut Röhring auf einer Alm in Südtirol.

Das vorläufige Ende einer Freundschaft: *Schnaps* mußte nach Hamburg. Der Abschiedsknochen war da nur ein magerer Trost.

und neugierig an das Garagentor drückte und die Keilerei beobachtete. Nun ging es für die beiden Raufbolde um mehr als nur um eine Frage der Ehre. Es ging darum, die Sympathie und Bewunderung der Dame zu gewinnen. Und der schwarze und der weiße Hund gaben in der Tat ihr Bestes. Begleitet von wütendem Fauchen, kurzatmigem Bellen und schrillem Winseln balgten und bissen die Kämpfer, mit wechselnden Vorteilen für Schwarz und Weiß. Plötzlich entzog sich *Maxi* mit einem verzweifelten Ruck der Umklammerung seines Gegners und stob davon, Richtung Baron-Hof. Für *Schnaps* war die Sache damit allerdings noch längst nicht erledigt. Ohne Zögern nahm er die Verfolgung auf, ermuntert von *Tina*, die ihn laut kläffend begleitete. Recht wohl war mir bei der Sache nicht. Aber ich sah auch keinen Grund, mich in die Auseinandersetzung der beiden Hunde einzumischen. *Schnaps'* Territorialansprüche mußten ein für allemal geklärt werden. Ich ging langsam die Dorfstraße hinunter. Vom Baron-Hof klang schauerliches Kampfgetümmel; wie es eben klingt, wenn sich zwei Rüden heftig in der Wolle haben. Plötzlich brach der Lärm abrupt ab und wich einem jämmerlichen Wehklagen. *Schnaps* kam mir mit hocherhobenem Kopf und stolz aufgestellter, wippender Rute entgegen. Sein weißer Pelz war an Kopf und Brust blutbesudelt, er hinkte auf der rechten Vorderpfote, und dennoch umgab ihn die Aura des Siegers. Ich bückte mich zu ihm nieder und untersuchte seine Pfote. Außer einer kleinen, harmlosen Bißwunde war nichts zu sehen. Das Blut auf seinem Fell war das Blut des anderen. Ich war ziemlich stolz auf meinen Hund. *Maxi* hatte, wie mir tags darauf berichtet wurde, einige schmerzhafte Blessuren davongetragen; nicht lebensbedrohlich, aber von nachhaltiger Wirkung. Nie mehr hat er es gewagt, in *Schnaps'* Revier einzudringen.

Nun, da ich etwa in der Mitte dieses Buches angekommen bin, wäre es mir sehr recht, wenn es *Schnaps* zu Ende schreiben könnte. Zum einen, weil die von mir aufzuzeichnenden Episoden, Geschichten und Erlebnisse doch von sehr subjektiver »Wichtigkeit« sind und durchaus nicht den Anspruch erheben, jeden Leser in ihren Bann zu schlagen. (Obwohl es schön wäre, wenn das gelänge.) Zum anderen weil es von viel größerem Reiz wäre, die Leiden und Freuden des Hundes im Zusammenleben mit einem Menschen aus *tierischer Sichtweise* zu erfahren. Auch solche Bücher gibt es. Aber wie man weiß, wurden sie von Menschen geschrieben und sind nicht mehr als ein dramaturgischer Kunstgriff, der uns glauben machen will, daß Hunde des Redens oder gar Schreibens mächtig sind. Also ist der Hund in jedem Fall der Dumme, da er keine Möglichkeit hat, in derlei Druckwerken verbreitete Mutmaßungen, Anschuldigungen, Charakteranalysen, Wichtigkeiten und Nichtigkeiten aus *seinem Blickwinkel* zu kommentieren und geradezurücken. Er ist eben ein armer Hund, ohne Chance, Einspruch zu erheben oder eine Gegendarstellung zu erwirken. Das ist nicht fair.

All diese meine Bedenken werden nur durch den Umstand gemildert, daß *Schnaps* zu mir zeitlebens absolutes Vertrauen hatte, daß ich irgendwann gelernt hatte, in seinen Augen zu lesen und seine Gesten zu deuten, daß wir Freunde im besten Sinne waren und mir die Freundschaft zu diesem Hund über viele halbherzige Freundschaften ging. Und deshalb schreibe ich weiter ...

Mit *Hasso*, dem Schäferhund, hatte sich während der vergangenen Wochen eine dramatische Wandlung vollzogen. Nur noch selten ging er mit Herrn Acher spazieren, tappte unsicher wie ein Greis die Dorfstraße entlang, legte wiederholt Pausen ein, und ab und zu klappten ihm plötzlich die Hinterbeine zur Seite, als wäre er in eine unsichtbare Falle getreten. *Hasso* litt große Schmerzen, die von einem mählichen Zerfall der Hüftgelenke herrührten. Er wurde operiert, erholte sich wieder, um ein paar Wochen später wieder in diesen mitleiderregenden Zustand zu verfallen. Für *Schnaps* war das Siechtum seines Freundes ganz und gar unverständlich. Wenn der Leidende im Gras oder auf der Terrasse lag, versuchte ihn *Schnaps* aufzumuntern, mit ihm zu spielen. Doch zum Spielen war *Hasso* nicht mehr in der Lage, die kleinste Bewegung bereitete ihm große Schmerzen. Herr Acher und seine Frau waren darüber sehr traurig, zumal sie *Schnaps* sehr gerne mochten und ihn dennoch von ihrem Hund fernhalten mußten. *Schnaps* verstand die Welt nicht mehr. Nie zuvor war ihm der Zutritt zu dem Acherschen Grundstück verwehrt worden. Nun lag er oft eine Stunde oder länger vor dem verschlossenen Gartentor dicht neben der Dorfstraße, den Kopf auf die Vorderpfoten gelegt, bellte ab und zu, wohl immer noch darauf hoffend, daß ihm die Tür geöffnet würde oder *Hasso* wenigstens auf ein kurzes Schwätzchen an den Zaun käme.

Eines Tages kam Herr Acher alleine die Dorfstraße entlang. Herr Acher war ein kleiner Mann, immer freundlich, und er freute sich auf seine Pension, die schon in Sichtweite war. Nun, da er zum erstenmal ohne seinen Hund, mit gesenktem Kopf und hochgezogenen Schultern daherkam, erschien er mir noch kleiner, und ich sprach ihn an, mit ehrlichem Mitgefühl, weil ich dachte, *Hasso* sei nun endgültig von seinen Leiden erlöst worden.

»Oh, nein«, sagte Herr Acher, und in seiner Stimme schwang ein Hauch von Hoffnung. »Der *Hasso* lebt noch. Und wir wollen's noch mal versuchen. Mit einem anderen Arzt. Er meint, er könnte ihn vielleicht nochmals hinkriegen. Halbwegs ...«

Um es vorwegzunehmen: Der Arzt hat *Hasso* nicht mehr hingekriegt. Er wurde eingeschläfert, und dabei war er noch nicht einmal acht Jahre alt. Und es war offensichtlich, daß *Schnaps* unter dem Verlust seines Freundes und Lehrmeisters sehr litt. Ein paar Tage in Folge trottete er bereits frühmorgens die Dorfstraße hinauf, Herr Acher öffnete ihm das Gartentor und führte ihn mehrmals durchs Haus, um ihm zu zeigen, daß *Hasso* wirklich und wahrhaftig nicht mehr da war. Mit hängendem Kopf kam er dann stets zurück, legte sich ins Gras und benahm sich wie ein sehr trauriger Hund. Da Herr und Frau Acher kinderlos waren, mußte die Lücke, die *Hassos* Tod in ihrem Leben hinterließ, schnellstmöglich wieder geschlossen werden. Sie fuhren ins Tierheim und kehrten mit zwei Hunden zurück: einem Schäferhund und einem schwarzen Schnauzermischling. Für *Schnaps* war damit eine Epoche beendet. Er mied künftig den Garten, der nicht mehr *Hassos* Spielplatz war. Und Herr und Frau Acher fanden es äußerst betrüblich, »weil der *Schnapsi* uns vielleicht jetzt gar nimmer mag«.

EIN BRUTALER SCHNITT

Es war merkwürdig: Nach Ablauf seiner mehrtägigen Trauerarbeit erwachte in *Schnaps* wieder eine Untugend, die zwar von der Natur vorgegeben war, dennoch, wie früher schon, erheblich an meinen Nerven zerrte. Dem Zwang seiner ausgeprägten Libido folgend, begab er sich immer häufiger in entfernte Reviere und blieb manchmal einen oder gar zwei Tage verschollen. Die zornigen Anrufe von aufgebrachten Anwohnern, durch das unablässige Geheul des großen weißen Rüden um ihren Schlaf gebracht, mehrten sich. In seinem Liebestaumel war *Schnaps* alles andere als wählerisch. Sein hartnäckiges Werben galt allen läufigen Hündinnen im Umkreis von mehreren Kilometern, ohne Rücksicht auf Herkunft, Rasse, Größe und Aussehen. Als mir schließlich die Androhung einer Anzeige »wegen Verletzung der Aufsichtspflicht« ins Haus stand, kam ich nicht mehr umhin, etwas zu unternehmen. In der Tat hatte es *Schnaps* derart bunt getrieben, daß er Gefahr lief, von Stund an mit dem Makel eines »brutalen Sittenstrolchs« behaftet zu sein.

Was war geschehen? *Schnaps*, in heißer Liebe zu einer koketten Dackel-Dame entbrannt, hatte das filigrane Wesen fast plattgemacht. Der Anruf der empörten, hysterisch kreischenden Hundebesitzerin erfolgte anonym. Von »Vergewaltigung« war die Rede und davon, daß ihr kleiner, aus bester Zucht stammender Liebling »seit diesem schrecklichen Erlebnis im Kopf nicht mehr ganz richtig« sei. Ich versuchte die arme Frau zu beruhigen, bat sie um Namen und Adresse, da ich die peinliche Angelegenheit irgendwie wiedergutzumachen gedachte. Ihren Namen werde ich noch frühzeitig erfahren, vor Gericht nämlich, und wiedergutzumachen sei da nichts, wurde mir schroff beschieden. Es gab dennoch keine Anzeige, wir mußten nicht vor Gericht, und es kam auch keine Vaterschaftsklage. Obwohl ich auf *Schnaps* ziemlich wütend war, erschien mir im nachhinein die ganze Affäre doch sehr dubios. *Schnaps* war kein abartiger Hund, also auch kein »Vergewaltiger«. Ergo: Die Dackel-Dame hatte *Schnaps* nach allen Regeln der Liebeskunst schlichtweg »angemacht«, wissend (oder nicht wissend) um das physische Mißverhältnis zwischen einem über fünfzig Kilo schweren und siebzig Zentimeter Schulterhöhe messenden *Maremmaner* und einem kurzbeinigen Dackel-Leichtgewicht. Fazit: Die Störung im Kopf des »Opfers« mußte mithin bereits *vor* dem angeblich begangenen Delikt vorhanden gewesen sein.

Diese Erkenntnis machte die Gesamtsituation jedoch keineswegs besser. Wie gesagt, ich mußte etwas unternehmen, beziehungsweise etwas unternehmen lassen. Kastration! Allein bei dem Gedanken wurde mir übel. Verstümmelung mit zunehmender Fettleibigkeit als zwangsläufige Folge! Wesensveränderung! Charakterknick! Trägheit! Womöglich wäre *Schnaps* nach dem blutigen Schnitt ein völlig anderer Hund, dem der Sinn nur noch nach Fressen, Schlafen und Gestreicheltwerden stand. Eine traurige Metamorphose vom lebhaften, eigenwilligen, kraftstrotzenden, über Zäune springenden Hirtenhund zum lebenden Bettvorleger. Eine Schreckensvision! Gespräche mit verschiedenen Tierärzten zerstreuten meine auf Gerüchten basierenden Befürchtungen zumindest so weit, daß das Risiko einer Kastration kalkulierbar schien. »Normalerweise dürfte es keine Probleme geben«, hieß es. Aber »normalerweise« beinhaltete auch ein Restrisiko. Ich entschied mich dennoch für den Eingriff, um uns beiden das Leben – hoffentlich – angenehmer zu machen.

Frau Dr. M., am Tegernsee praktizierend, war mir als Expertin empfohlen worden. Zum vereinbarten Termin an einem Vormittag brachte ich *Schnaps* in ihre Praxis. Es sei nur ein harmloser Eingriff, versuchte sie mich zu beruhigen. Am Nachmittag könnte ich ihn wieder abholen. Als ich nach Hause fuhr, fühlte ich mich zum Kotzen. Ich wurde den Blick nicht los, den mir *Schnaps* mit auf den Weg gegeben hatte und der wohl sagen wollte: »Das kannst du nicht machen. Das verzeih ich dir nie.« Und noch etwas bereitete mir beträchtliches Unwohlsein. Am nächsten Tag mußte ich im Auftrag einer Illustrierten für etwa eine Woche nach Istanbul, um eine Reportage über Autoschieberbanden zu recherchieren. Unter normalen Bedingungen ein reizvoller Job. Doch die Bedingungen waren nicht »normal«. Und obwohl sich Luke, die treue Seele, wieder einmal selbstlos als Notnagel zur Verfügung stellte, empfand ich mich als ziemlich mies und verantwortungslos. Was wäre schon dabei gewesen, mit dem Eingriff bis nach meiner Rückkehr zu warten?

Als ich *Schnaps* am Nachmittag abholte, war er noch nicht aus der Narkose erwacht. Die Operation sei völlig normal verlaufen, tröstete mich Frau Dr. M., und gemeinsam trugen wir den schlafenden *Schnaps* auf seiner Decke ins Auto. Als ich zu Hause ankam, war Luke bereits da. Allmählich kehrte der Hund ins Leben zurück, tapste auf wackeligen Beinen durchs Haus, legte sich nach wenigen Schritten auf den Boden und leckte die ganz offensichtlich schmerzende Wunde. Ich war beunruhigt, zudem absolut unerfahren, was die Nachsorge bei kastrierten Hunden betraf. Also rief ich Frau Dr. M. an. Diese Reaktion des Hundes sei »völlig normal«. Und irgendwann werde er »damit schon wieder aufhören«. Sie mußte es ja wissen. Sie war eine angesehene Veterinärin.

Nach meiner Rückkehr aus der Türkei überkamen mich ganz erhebliche Zweifel an der Qualifikation von Frau Dr. M. *Schnaps* lag im Gras auf der Sonnenseite des Hauses. Sein Kopf steckte in einem Lampenschirm, der mit Schnüren am Halsband fixiert war. Ich hatte den Verdacht, daß sich Luke mit dem Hund einen Scherz erlaubt hatte, doch es stellte sich heraus, daß die Maßnahme bereits unmittelbar nach der Operation unbedingt notwendig gewesen wäre. Der absonderliche Kopfputz diente ausschließlich dazu, *Schnaps* am Lecken der Wunde zu hindern. Das weiße Fell war mit blauen Flecken gesprenkelt, Reste eines Desinfektionsmittels als Überbleibsel einer dramatischen Woche, die um ein Haar in einer Tragödie geendet hätte. *Schnaps* war noch ziemlich matt, und langsam folgte er mir ins Haus. Ich saß mit Luke am Tisch in der Stube, und als er mir erzählte, was geschehen war, wurde mir wechselweise heiß und kalt. Unmittelbar nach meiner Abreise am frühen Morgen hatte *Schnaps*, von Schmerzen gepeinigt, begonnen, mit den Zähnen die Fäden aus der Wunde zu ziehen. Als Luke wenig später nach unten ging, lag *Schnaps* in einer Blutlache, dem Tod näher als dem Leben. Von Panik getrieben, packte er den schwerverletzten Hund in sein Auto und fuhr zu seinem Freund Stefan, einem Tierarzt, der im etwa 25 Kilometer entfernten Sauerlach praktizierte. Der flickte *Schnaps* wieder zusammen und ließ kein gutes Haar an seiner Kollegin vom Tegernsee. Zum einen sei der Hund geschnitten worden, als habe »die Kollegin M. einen Elefanten entmannt«. Und zum andern hätte sie mir die dringende Empfehlung geben müssen, *Schnaps* unmittelbar nach dem Erwachen aus der Narkose einen »Beißschutz« über den Kopf zu stülpen, der es ihm unmöglich gemacht hätte, an den Wundfäden zu manipulieren. Ich war bestürzt und den Tränen nahe. Armer *Schnaps*, guter Luke. Und umnebelt von heftigem Zorn auf die Ärztin und tiefem Mitleid für den Hund, beschlich mich ein paar Augenblicke lang das Gefühl, daß Luke für

Schnaps ein verläßlicherer Freund war, als ich es je werden würde.

Es dauerte noch mehr als eine Woche, bis *Schnaps* so weit genesen war, daß wir wieder kurze Spaziergänge unternehmen konnten. In der Folgezeit beobachtete ich aufmerksam sein Verhalten, eine mögliche Veränderung seiner Gewohnheiten und seiner Physis. Er wurde ruhiger, legte an Körpergewicht merklich zu (ohne jedoch bedrohlich fett zu werden) und – der Quelle seiner Triebe jäh beraubt – erlosch sein Interesse an ausgedehnten Exkursionen. Offenkundig hingegen wurde seine gesteigerte Freßlust. Wenn es bei mir nichts zu holen gab, trollte er zu den Kemel-Mädchen, die seinem flehenden Blick nur selten widerstehen konnten, oder zum Bauern Baron, wo er die Reste aus *Tinas* Napf klaute. (Viel mehr war für ihn da nicht mehr zu holen, seit er sich des Diebstahls der großen Kalbfleischwurst schuldig gemacht hatte.) Seine Hemmschwelle, sich widerrechtlich Lebensmittel anzueignen, sank in dem Maße, wie ich ihn auf schmale Kost setzte. An einem Samstagnachmittag stürmte er aus dem Kemel-Haus, eine Kette von sechs aneinanderhängenden Würsten, sogenannten Regensburgern, im Maul, die eigentlich für den im Bayerischen so beliebten Wurstsalat gedacht waren. Verfolgt von vier schreienden Gören, rannte *Schnaps* querfeldein, bis er hinter der Kuppe eines Hügels verschwand. Resigniert machten die Mädchen kehrt. Ich hatte die wilde Hatz von meinem Arbeitszimmer aus beobachtet und war ziemlich wütend auf den Hund. Es war, wie gesagt, Samstag nachmittag, die Geschäfte hatten geschlossen, und ein Ersatz für das abhanden gekommene Abendessen wäre nicht mehr zu beschaffen. Vor allem dachte ich an Toni, den Bruder der vier Mädchen, der als Elektriker arbeitete und sich schon seit jeher meines Mitgefühls sicher sein konnte, da es für ihn nicht immer leicht war, mit seiner Mutter und vier jüngeren Schwestern unter einem Dach zu leben. Und gewiß waren mindestens zwei der sechs gestohlenen Würste für ihn bestimmt gewesen. Keine Frage: Der Schaden mußte repariert werden. Ich klapperte die Gaststätten in der näheren Umgebung ab und wurde in Reichersdorf, im Gasthaus Rank, endlich fündig. Die Rank Gretl, die Mutter meines Freundes Matt, hatte Verständnis für meine schwierige Lage und überließ mir einen großen Ring Fleischwurst, die auch für den Wurstsalat taugte. Damit war in der Familie Kemel wieder alles im Lot, und *Schnaps* brauchte an diesem und auch dem nächsten Tag nichts mehr zu fressen.

Ich hatte keinen Schimmer, wie dem Hund und seinen freßkleptomanischen Umtrieben beizukommen wäre. Und sosehr ich mit seiner Entwicklung im allgemeinen zufrieden war, nervten mich seine Diebereien in zunehmendem Maße. Dank seiner Größe war es für *Schnaps* ein leichtes, das »Angebot« auf Küchen- und Stubentischen zu überblicken und in einem unbewachten Augenblick blitzschnell zuzugreifen. Ich hatte mir mittlerweile angewöhnt, alle Lebensmittel, die für ihn von Reiz waren (dazu gehörte auch Gemüse, und selbst vor dem Verzehr von Essiggurken schreckte er nicht zurück), in der Speisekammer zu deponieren. Und dennoch profitierte er immer wieder von meiner Nachlässigkeit oder einer Verkettung dummer Zufälle. So wie diesem: Ich hatte Wiener Würstchen gekauft, war gerade dabei, sie auf dem Küchentisch aus der Verpackung zu lösen, um sie gleich in den Kühlschrank zu legen. Das Telefon klingelte, ich lief nach oben in mein Arbeitszimmer, *Schnaps* befand sich im Freien, irgendwo in der Nähe des Hauses. Das Gespräch dauerte, grob geschätzt, etwa drei Minuten. Als ich die Treppe hinunterstieg, sah ich gerade noch, wie *Schnaps* aus der Küche huschte, den Hausgang entlangfegte und draußen verschwand. Ein Würstchen lag auf dem Küchenboden, drei hatte er geklaut. Ich war außer mir, nahm die Zeitung vom Tage, stürmte ins Freie und briet ihm ein paar über. Wohl wissend, daß *Schnaps* durch derlei halbherzige Erziehungsmaßnahmen kaum zu beeindrucken war, entschloß ich mich zu einer List, einer Hinterlist, einer Gemeinheit. Das verbliebene Würstchen halbierte ich über die Längsachse, so daß ich es, nachdem ich es mit einer Prise Cayennepfeffer präpariert hatte, wieder zusammenklappen konnte. Dann legte ich es auf den Küchentisch, ganz nah an die Kante. Erfahrungsgemäß war *Schnaps* nicht nachtragend, und der Hieb mit der Zeitung kümmerte ihn kaum mehr als ein Fliegenschiß. Ich entfernte mich vom Haus, umrundete die Garage, und als ich den Rückweg antrat, sah ich, daß *Schnaps* nicht mehr da war. Nun galt es nur noch zu warten. Ich saß keine zehn Minuten auf der Hausbank, als der Hund ächzend, würgend und japsend um die Ecke bog, schnurgerade auf ein großes Wasserfaß zu, in dem sich das Regenwasser aus der Dachrinne sammelte. (Der geneigte Leser möge bitte nicht glauben, daß mich der beklagenswerte Zustand meines Hundes mit Befriedigung oder gar Schadenfreude erfüllte. Ganz und gar nicht! Ich hatte lediglich eine Methode angewandt, die mir von einem angesehenen Hunde-Erzieher empfohlen worden war.) *Schnaps* stellte sich auf die Hinterbeine, hakte seine Vorderpfoten am Rand des Fasses ein und begann gierig das Wasser zu saufen. Ab und zu hielt er inne, um Atem zu schöpfen. Als er das Feuer in seinem Rachen gelöscht hatte, legte er sich erschöpft ins Gras und schloß beleidigt die Augen. So wie ich ihn einschätzte, sann er bereits auf Rache.

Der Tag der Vergeltung lag nicht fern. Gerd, Journalist und Freund aus gemeinsamen Jahren bei Münchner Tageszeitungen, kam zu Besuch. Wie meistens ohne Ankündigung. Bei ihm störte mich das nicht, da wir uns viel zu selten sahen. Einer wie Gerd, immer gut gelaunt und den Prozeß des Alterns ignorierend, ein Kindskopf auf hohem Niveau, brachte stets die Erinnerung mit an unsere frühen Jahre, als wir es noch toll getrieben hatten. Damals waren wir knapp über zwanzig, wild entschlossen, die gesamte Welt aus den Angeln zu heben. Chefredakteur eines großen Blattes wollten wir werden, oder zumindest Verleger eines kleinen. Um wenigstens eines dieser Ziele zu erreichen, mangelte es uns beiden letztlich am nötigen Ehrgeiz und der Fähigkeit, in den zusehens von Schleimern, Intriganten und Klugscheißern infiltrierten Redaktionen gute Miene zum bösen Spiel zu machen. Wir waren aus ähnlichem Holz geschnitzt, und obwohl wir uns jahrelang aus den Augen verloren hatten, verlief unser journalistischer Werdegang doch ziemlich identisch. Gerd arbeitete zunächst fest, dann frei fürs Fernsehen. Ich arbeitete zunächst fest, dann frei für Zeitungen und Illustrierte. Gerd blieb in München, ich zog aufs Land.

Nun stand er also vor der Tür, mit einem breiten Grinsen unter dem buschigen Schnauzbart, auf den Handflächen das Gastgeschenk, in weißes Papier verpackt. Es sah nach Kuchen aus, war auch Kuchen, aber nicht irgendeiner, es waren vier gewaltige Tortenstücke aus einer Konditorei, die im Ruf stand, die besten, fettreichsten und vor allem größten Torten im gesamten bayerischen Oberland anzubieten. In meinen Backentaschen brach eine Sintflut aus. Ich liebte Torten, zumal jene, die den Cholesterinspiegel bis in die Nähe der Höchstmarke anschwellen ließen. Buttercremetorten mit hauchdünnen Marmeladeschichten waren seit meiner Kindheit hochfavorisiertes Backwerk, dem ich nicht zu widerstehen vermochte. Nun lagen, auf einem Pappteller eng aneinander gedrängt, zwei Prinzregenten- und zwei Buttercremestücke auf dem Küchentisch, und um das bevorstehende Fest vollkommen zu machen, setzte ich Kaffee auf. Da Gerd zum erstenmal in Reinthal war, lud ich ihn zu einer Hausbesichtigung ein. Wir gingen nach oben, ins Arbeitszimmer, zur Schlafkammer, ins Gästezimmer und verweilten noch ein paar Minuten in der Tenne, wo es immer noch nach Heu roch, obwohl schon seit vielen Jahren kein Heu mehr eingeführt worden war.

Während sich Gerd die steile Holztreppe zum Erdgeschoß hinuntertastete, fragte er beiläufig:

»Wo ist eigentlich dein Hund? Du hast ihn doch noch, oder?«

Wir betraten die Küche. Auf dem Tisch lag der Pappteller, blankgeleckt, wie neu, als hätten die vier Tortenstücke lediglich in meiner Phantasie existiert.

Nur an dem Papier klebten noch einige Sahneflöckchen. Ich war wie erstarrt und murmelte:

»Ja, ich hab ihn noch. Und wie du siehst, war er ganz in der Nähe.«

Gerd stand hinter mir. Zuerst klang es nur wie unterdrückter Schluckauf. Dann lachte er los, und in den knappen Pausen, die ihm zum Atmen blieben, japste er, als hätte er die vier Tortenstücke verschlungen:

»Herrlich! – Der Hund! – Hat den Kuchen gefressen! – Auf einen Sitz! – Ich glaub's einfach nicht! – Großartig!«

Wo war *Schnaps*? Ich war entschlossen, ihn zu erwürgen. Immer noch starrte ich auf den leeren Pappteller, fassungslos, während Gerds Lachen in einem Seufzer erstarb. Ein paar Augenblicke lang war es still. Und plötzlich war es mir, als hörte ich ein kurzatmiges, unterdrücktes Schnaufen. Ich kniete mich auf den Boden, neigte den Kopf ganz tief und warf einen Blick unter das alte Küchensofa. Da lag er, längelang; das eine, mir zugewandte Auge sah mich an, ängstlich und starr. Nicht die Andeutung eines Fluchtversuchs, nur ein unterdrücktes, in kurzen Intervallen wiederkehrendes Würgen, dem einige matte Kaubewegungen folgten. Ich packte *Schnaps* an den Vorderläufen und zerrte ihn unter dem Sofa hervor. Mühsam erhob er sich, und anstatt sich ganz schnell vor meinem Zorn in Sicherheit zu bringen, stand er da mit hängendem Kopf und hängender Zunge und sah mich an, als wollte er sagen: »Bitte nicht aufregen. Mir ist schon hundeelend«. Dann trottete er ganz langsam aus der Küche den Hausgang entlang, Schritt für Schritt, als sei er eben im Begriff, das Laufen zu lernen. Kaum vor dem Haus angelangt, entlud sich seine Pein in einem gewaltigen Rülpser und je zwei Buttercreme- und Prinzregententortenstücke platschten unverdaut ins Gras.

Angesichts seiner Leiden, die Strafe genug waren, habe ich *Schnaps* dann doch nicht erwürgt. Gerd und ich tranken Kaffee und aßen dazu ein Wurstbrot. Und entgegen seiner sonstigen Gewohnheit, saß *Schnaps* nicht in Tischnähe, um zu betteln.

Längst hatten wir uns mit den Marotten und Gewohnheiten des jeweils anderen abgefunden. Und sicher wertete *Schnaps* meinen inzwischen ausgeprägten Langmut und die damit einhergehende Toleranz als Früchte seiner Erziehung. An eines indes konnte er sich zeitlebens nicht gewöhnen: an Abschied, egal, für wie lange. Wenn ich verreisen mußte und das Gepäck bereits in der Stube geordnet war, legte er sich neben Koffer oder Reisetasche und verfolgte jede meiner Bewegungen mit einem langen, traurigen Blick, der auch dann nicht endete, wenn Luke bereits da war, um für die nächste Zeit die Fürsorge für Haus und Hund zu übernehmen. Dieses Mal stand uns eine lange, fast zweimonatige Trennung bevor. Peter Welz, ein Freund aus Schwabinger Zeiten, drehte einen Film über die Rallye Paris–Dakar, eine der wohl schwachsinnigsten Veranstaltungen seit der Erfindung des Motorsports. (Damals war ich allerdings noch ganz kirre, am Steuer eines Lastwagens zehntausend Kilometer durch die Wüste zu heizen und darüber ein Buch zu schreiben.) Allein die Menge an Gepäck, das ich in der Stube gestapelt hatte, dazu der monströse Lastwagen vor der Haustür, mit dem ich kurz vor Mitternacht vom Hof fahren würde, um in München die Filmcrew zu treffen und nach Paris aufzubrechen – dieser ganze Aufwand verhieß *Schnaps* nichts Gutes. Als ich das Haus verließ, sprang er wie besessen gegen die geschlossene Haustür und bellte und heulte zum Gotterbarmen. Es war der 29. Dezember. Die Rallye würde vier Wochen dauern. Anschließend wollte ich mit dem Lastwagen nach Mali, um ihn in Bamako dem »Kinderhilfswerk für die Dritte Welt« zu übergeben. Dort sollten Lebensmittel und Medikamente in die Hungergebiete transportiert werden. Ich hatte vor, etwa vier Wochen in Mali zu bleiben.*

Während der Zeit in Afrika dachte ich oft an *Schnaps*. Nicht, weil ich ihn etwa über alle Maßen vermißt hätte. Im Gegenteil: Eine stabile Freundschaft schöpft ihre Kraft auch aus Pausen, und das Erlebnis des Wiedersehens ist dann um so intensiver. Vielmehr malte ich mir aus, wie er Luke auf Trab hielt, allen möglichen Unsinn anstellte und wie er die Trennung wohl verkraften würde. Als ich Ende Februar von Bamako aus die Heimreise antrat, war ich ziemlich aufgeregt. Deutsche Touristen hatten von einer Kältewelle berichtet, mit einer Menge Schnee im Bayerischen. Während des kurzen Zwischenstopps in Paris versuchte ich Luke von meiner bevorstehenden Ankunft zu unterrichten. Weder bei mir zu Hause noch in seinem Büro in München war er zu erreichen.

Es beunruhigte mich nicht; jedenfalls weit weniger als der Schüttelfrost, der mich auf dem Pariser Flughafen plötzlich gepackt hatte und der mich nicht mehr losließ. Möglicherweise war auch nur der Klimawechsel daran schuld. Bei meiner Ankunft in München zeigte das Thermometer 18 Grad unter null.

Während der Fahrt mit dem Taxi tröstete ich mich damit, daß Luke sicher für wohlige Wärme im Haus gesorgt hatte. Ich redete mir die Ankunft schön, während ich wie Espenlaub zitterte und meine Zähne klapperten, so daß mich der Taxifahrer besorgt aus den Augenwinkeln musterte und mehrmals nachfragte, ob auch wirklich alles in Ordnung sei. Im schlimmsten Fall hatte ich mir die Malaria eingefangen. Es war bereits stockdunkel, als wir in Reinthal von der Dorfstraße in die Hofein-

---

* Meine Erlebnisse in Afrika sowie meine Gedanken und Empfindungen über Sinn und vor allem Unsinn der Rallye Paris–Dakar habe ich in dem Buch »WAHNSINN: PARIS–DAKAR. Die härteste Rallye der Welt« (Rasch und Röhring Verlag) niedergeschrieben.

fahrt einbogen. Im Haus brannte kein einziges Licht, die Fensterscheiben waren blind von Eis.

Ich öffnete die Haustür und hatte das Gefühl, in einen Eiskeller einzutreten. An der Innenseite der Stubenfenster glitzerten Eisblumen. Das Thermometer an der Wand zeigte zwei Grad minus. Was war passiert? Luke, der Zuverlässigste von allen, war, so wie es aussah, seit Tagen nicht mehr hier gewesen.

Gebeutelt von Schüttelfrost, legte ich eine Decke um meine Schultern und ging in den Stall, um Holz für den Kachelofen zu holen. Zum erstenmal, seit ich hier lebte, verfluchte ich dieses Haus, und wenn ich in diesem Moment einen einzigen Wunsch frei gehabt hätte, eine ordentliche Heizung hätte es sein müssen. In die Decke gewickelt, saß ich auf der Ofenbank und pflegte meine Depression, lauschte dem Prasseln des Feuers und wartete darauf, daß sich dieser verdammte Kachelofen endlich erwärmen möge. Ich konnte gar nicht so schnell zittern, wie mich fror.

Es dauerte mehr als eine Stunde, bis es in der Stube einigermaßen gemütlich wurde. Todmüde und erschlagen breitete ich auf dem Teppich vor dem Ofen meinen wochenlang benützten, stinkenden Schlafsack aus und kroch in die sandige, wie mit Schmirgel belegte Hülle. Ich hatte die halbe Sahara mitgebracht. Wo Luke und *Schnaps* wohl waren? Ich sollte telefonieren oder wenigstens einen Tee kochen. Doch allein die Vorstellung, die Wärme des Schlafsacks noch mal zu verlassen, jagte mir erneut einen heftigen Schauer über den Rücken. Irgendwann bin ich dann doch eingeschlafen.

Zunächst war ich nicht sicher, ob das alles nur im Traum stattfand. Ich glaubte einen Schlüssel wahrzunehmen, der sich im Schloß drehte, vermeinte das Winseln eines Hundes zu hören. Und ganz plötzlich endete der Traum. Die kalte Hundeschnauze in meinem Gesicht, die rauhe Zunge, die über meine

Wangen schlabberte und das unentwegte, hektische Fiepsen – *Schnaps* war da. Ich schälte meine Hände aus dem Schlafsack und bekam in der Dunkelheit seinen wolligen, kräftigen Nacken zu fassen.

»Ist ja gut, mein Alter. Schön, wieder dazusein.«

Luke knipste das Licht an, und als sich meine Augen an die Helligkeit gewöhnt hatten, sah ich ihn klein und verschmitzt grinsend im Türstock stehen.

»War wohl etwas kalt in der Bude«, spottete er, »aber ein Abenteurer wie du, der kann so was schon ab.«

Es war kurz vor Mitternacht. Luke war vor drei Tagen zu einer Geschäftsreise nach Hannover gestartet und hatte *Schnaps* mitgenommen. Da er ahnte, daß ich heute oder morgen eintreffen würde, war er auf dem Rückweg direkt nach Reinthal gefahren, um schon mal den Kachelofen anzuheizen. Ich fror immer noch wie ein geschorener Hund, blieb deshalb im Schlafsack und bat Luke um Verständnis. Auch er war von der langen Fahrt todmüde, legte noch ein paar Scheite in den Ofen und fuhr dann zurück nach München. Morgen würden wir über alles reden.

Mit dem ersten Augenaufschlag am nächsten Tag blickte ich in zwei glückliche braune Hundeaugen. *Schnaps* hatte die ganze Nacht neben mir auf dem Boden geschlafen. Von dem anhaltenden Schüttelfrost beunruhigt, fuhr ich am Vormittag nach München, um mich im Institut für Tropenmedizin gründlich untersuchen zu lassen.

Der Tag war dominiert von zwei Nachrichten; einer guten und einer schlechten. Die gute Nachricht: Ich hatte mir keine Malaria eingefangen, allenfalls eine kapitale Erkältung. Die schlechte Nachricht: Meine langjährige Freundin Monika hatte meine zweimonatige Abwesenheit dazu benützt, sich nach einem neuen Lebensgefährten umzusehen. Und war fündig geworden.

Eine Schöne aus Johannesburg

Diese Veränderung in meinem Leben traf mich weit heftiger, als ich es mir damals einzugestehen bereit war. Dennoch versuchte ich der neu gewonnenen »Freiheit« ein paar positive Seiten abzugewinnen, erinnerte mich alter, längst erkaltet geglaubter Bekanntschaften, wärmte sie, teils mit Erfolg, wieder auf und stand auch neuen durchaus aufgeschlossen gegenüber. Verblaßte Namen und Telefonnummern aus meinem Adreßbuch gewannen plötzlich wieder Konturen, und das Gästezimmer auf der Sonnenseite des alten Hofs erfreute sich wachsender Beliebtheit. *Schnaps*, der »Menschenhund«, fand das alles sehr spannend und lernte einige neue, hübsche Gesichter kennen. Zudem entwickelte ich ganz plötzlich eine für mich untypische Mobilität, wenn es darum ging, erotischen Abenteuern nachzuspüren. Obwohl ich kein Freund längerer Autofahrten war, scheute ich mich nicht, zum Zwecke eines »Hausbesuchs« bei geschiedenen, ledigen oder auch verheirateten Freundinnen aus früheren Zeiten schnell mal nach Stuttgart, Frankfurt oder Lindau zu fahren. Und *Schnaps* war immer dabei. Ein paar Monate lang kamen wir beide uns ganz toll vor. Bis zu dem Tag, als wir eine junge Dame mit dem ungewöhnlichen Namen Celeste vom Bahnhof in München abholten. Bereits die Vorgeschichte war ziemlich aufregend: Ein langjähriger Freund lebte seit geraumer Zeit in Südafrika und arbeitete als Chefredakteur einer deutschsprachigen Zeitung in Johannesburg. Dieses Blatt hatte, wie in anderen Blättern auch üblich, eine Mißwahl veranstaltet. Der Schönsten, zur »Miß Johannesburg« Gekürten, winkte als Hauptpreis eine mehrwöchige Reise durch Europa. Zunächst sollte die Gewinnerin nach München reisen, um dort ein paar Tage im Hotel zu verbringen. Doch exakt zu dieser Zeit befand sich München im Oktoberfesttaumel, und für die arme »Miß Johannesburg« war selbst mit besten Verbindungen kein Hotelzimmer zu bekommen. Da erinnerte sich der Chefredakteur meiner und daß ich auf dem Lande, unweit von München, einen alten Bauernhof bewohnte. Er kannte die Räumlichkeiten, da er selbst schon als Gast in Reinthal gewesen war. So rief er mich aus Johannesburg an, erklärte mir seine und die Notlage der jungen Dame und ob ich eventuell bereit wäre, der Schönen für ein oder zwei Tage Obdach zu gewähren. Das hörte sich prächtig an, und ich sagte eilfertig zu. Damit nahm mein »Miß«-Geschick seinen Lauf.

Sie kam mit dem Zug aus Zürich. Wiewohl ich sie nicht kannte, hatte ihr mein Freund aus Johannesburg eine Beschreibung von mir mit auf den Weg gegeben. Besonderes Kennzeichen: großer weißer Hund. Ich stand mit *Schnaps* am Beginn des Bahnsteigs und wartete gespannt. Eilige Fahrgäste mit erwartungsvoll-fröhlichen Oktoberfestgesichtern hetzten an uns vorüber. Der Strom der Angekommenen wurde immer dünner, als sich plötzlich aus einer Gruppe von jungen Leute ein blondes, langbeiniges Wesen löste und lachend auf uns zukam.

»Jurgen? Hi! I'm Celeste.« Sehr angenehme Stimme, dachte ich. Aber noch ehe ich dazu kam, mein Willkommenssprüchlein aufzusagen, zog *Schnaps*, der Wichtigtuer, die Aufmerksamkeit der schönen Miß mit dem Charme eines Straßenrowdys auf sich. Er stellte sich auf die Hinterbeine, legte der völlig Verdutzten die Vorderpfoten auf die schmalen Schultern und stubste ihr seine feuchte Nase ins Gesicht. Ich merkte gleich: Celeste mochte Hunde. Sie herzte den weißen Riesen, und als er von ihr abließ, bückte sie sich zu ihm nieder und küßte seine Schlappohren. Besonders begehrenswert fand sie das braune.

Ich stand derweil da, den Koffer in der einen Hand, die Hundeleine in der andern, und wünschte mir bereits jetzt, daß sie von der Zuneigung, die sie für den Hund empfand, wenigstens einen Rest für mich konservieren würde. Sie war dreiundzwanzig und wunderschön. Die Zeitungsleser in Johannesburg hatten eine gute Wahl getroffen.

Es war ein sonniger Herbsttag. Wir fuhren auf der Salzburger Autobahn nach Süden. Die Alpenkette lag vor uns, glasklar im Föhn. Eine beeindruckende Inszenierung für jemanden, der zum erstenmal den weißblauen Freistaat erlebte. Ich schob Vivaldis Vier Jahreszeiten in den Kassettenrekorder. Auch die Musik war für Celeste neu, aber sie behauptete zumindest, sie zu mögen. *Schnaps* lag auf der Rückbank, ein Privileg, das ihm nur zuteil wurde, wenn sein Platz im hinteren Teil des Kombis als Gepäckablage vonnöten war. Er nützte die Gunst der Stunde und legte seine Schnauze auf die Rückenlehne des Beifahrersitzes. Dabei hielt er die Augen geschlossen und schnupperte genüßlich am Haar der Schönheit. Celeste schien das zu gefallen und strich *Schnaps* mit dem Handrücken über die Stirn.

Wir beide gaben unser Bestes, um unserem Gast den Aufenthalt in Reinthal so angenehm wie möglich zu machen. Wobei der Hund geschickt seinen Vorteil zu nutzen wußte: Selbst der plumpeste Annäherungsversuch brachte das Herz der jungen Dame zum Schmelzen, unentwegt knutschte sie den Hund und legte sich, erschöpft von der lustigen Hatz durchs Grasland, nieder; *Schnaps*, den Matten mimend, dicht neben ihr. Ich brachte derweil Celestes Gepäck ins Gästezimmer. Da ihr Interesse bislang ausschließlich dem Hund galt, zog ich bereits in Erwägung, ihr Nachtlager neben dem Hundepolster im Hausgang zu bereiten. Nicht ernsthaft natürlich, da der Abend ja noch bevorstand und auch ich entschlossen war, mich von meiner besten Seite zu zeigen. Ich bereitete ein kaltes Abendessen mit einer Auswahl an fetten und langweiligen oberbayerischen Wurstwaren. Celeste ging nach oben, um sich umzukleiden, *Schnaps* hinterher. Celeste, barfuß, in hautengen Jeans und T-Shirt, setzte sich an den Stubentisch, *Schnaps* lag wie hingegossen zu ihren Füßen. Ich ging noch mal nach oben, um im Gästezimmer das Bett frisch zu beziehen. Der Deckel des Koffers stand offen. Auf einem sorgsam gefalteten Nachthemd lag ein Buch mit schwarzem Einband – die Bibel. Ums Haar hätte ich losgelacht. Ich beherbergte eine als kesse Miß verkleidete

Betschwester, der es dank der Lesergunst endlich einmal gelungen war, ihrer bigotten Burenfamilie zu entkommen. Natürlich behielt ich meine Entdeckung für mich und fand mich einfach damit ab, daß dieses bildschöne Wesen, nach eigener Aussage zum erstenmal im Leben allein auf Reisen, für die schnelle Sünde nicht gemacht war. Celeste erzählte mir von ihrer Familie, die der Glaubensgemeinschaft der Quäker angehörte, daß die (damals noch bestehende) Apartheid völlig okay sei, da man den Schwarzen nie die Verantwortung übertragen dürfe. Das würde das Ende Südafrikas bedeuten und das Ende der weißen Minderheit sowieso. So dachte man seit Generationen in Celestes Familie, und sie nahm dieses Gedankengut mit auf ihre große Reise. Ihr Fahrplan führte sie noch nach Wien und London, und dann wollte sie, auf eigene Kosten, in die USA. Davon habe sie seit ihrer Kindheit geträumt.

Celeste ging ziemlich früh zu Bett, *Schnaps* folgte ihr auf dem Fuße und zeigte keinerlei Hemmungen, sein Lager für diese Nacht im Gästezimmer aufzuschlagen. Die junge Dame fand das ganz prima, da bei ihr zu Hause die Hunde nie im Schlafzimmer nächtigen durften. Ich blieb noch bis kurz vor Mitternacht in der Stube und las die Zeitung. Dann zog ich mich ins Schlafzimmer zurück. Ich lag noch keine zehn Minuten im Bett, als auf dem Gang eine Tür knarrte und leise Schritte sich näherten. Der Hund war es nicht, das war klar. Mein Puls nahm einen kräftigen Anlauf. Ein zaghaftes Klopfen an der Tür. Im selben Moment wurde die Klinke gedrückt, und Celeste trat ins Schlafzimmer, eingehüllt in ein knöchellanges, mit Rüschchen und Schleifchen verziertes Nachthemd. Sie legte sich auf die freie Seite des Betts, deckte sich zu, griff nach meiner Hand. Flüsternd, ihre kalte, zitternde Hand in der meinen, beklagte sie sich über merkwürdige, unheimliche Geräusche jenseits der hölzernen Decke des Gästezimmers. Sie habe ziemliche Angst und bitte mich, bei mir schlafen zu dürfen. Ihrem bebenden Stimmchen nach zu urteilen, schien die Furcht vor Mardern oder Mäusen, die fast jede Nacht im Dachboden ihr Unwesen trieben, der einzige Grund zu sein, bei mir um »Asyl« nachzusuchen. Außerdem ließen das Nachthemd aus Großmutters Wäschetruhe und die Bibel im Reisegepäck nicht unbedingt den Schluß zu, daß sich mit der hübschen Miß ein besonders ausgekochtes Früchtchen über mich herzumachen trachtete. Die Nachthemd-und-Bibel-Nummer jedenfalls war mir, so es sie denn gab, bislang fremd.

Ich stand zeitig auf, schlich mich aus dem Schlafzimmer und fand es richtig aufregend, daß ich mit einer Frau in einem Bett geschlafen hatte, ohne daß wir miteinander geschlafen hatten. Das war etwas völlig Neues. Als ich am Gästezimmer vorbeikam, war nicht zu überhören, daß *Schnaps* etwas mürrisch war. Die Nacht alleine im Gästezimmer zu verbringen hatte ihm überhaupt nicht behagt. Während des ganzen Tages fragte ich mich mehrmals, ob Celeste von mir mehr erwartet hatte als nur die gütige Erlaubnis, die Nacht in meinem Bett verbringen zu dürfen. Am späten Nachmittag, kurz vor unserer Abfahrt nach München, fragte ich sie, während wir auf der Hausbank saßen.

»Warum bist du heute nacht zu mir gekommen?«

»Wegen der Mäuse in dem anderen Zimmer und weil ich Angst hatte.«

»Wolltest du mit mir Sex haben?«

»Das ist jetzt nicht mehr wichtig: Du warst sehr müde und hast geschlafen.«

Plötzlich sprang sie auf und rannte zu den Apfelbäumen hinüber, gefolgt von *Schnaps*, der längst auf dieses Signal gewartet hatte. Damit war für Celeste das Thema erledigt. Als wir nach München fuhren, verhielt sie sich sehr schweigsam. Ich hätte sie gerne dazu überredet, noch ein paar Tage zu bleiben. Und was dann? Womöglich hätte sie Gefallen gefunden an einem Leben auf dem Lande, mit *Schnaps* und mir – wenigstens für eine kurze Spanne. Aber genau genommen wollte ich das gar nicht. Wir begleiteten Celeste zum Bahnsteig, wo der Zug nach Wien bereits wartete. Sie herzte *Schnaps*, küßte ihn auf seine beiden Ohren und gab auch mir einen Kuß, in dieser Reihenfolge. Und als ich sie ansah, füllten sich ihre kobaltblauen Augen mit Tränen. Sie nahm meine beiden Hände und sagte:

»Vielleicht komme ich bald wieder, wenn es mir in London nicht gefällt. Denn bei dir und *Schnaps* ist ein guter Platz. Ich liebe euch beide.«

Es wurde höchste Zeit einzusteigen. Ich reichte Celeste ihren Koffer, und einen Augenblick später schlossen und verriegelten sich die automatischen Türen. *Schnaps* bellte wie verrückt hinter dem langsam ausfahrenden Zug her. Celeste preßte ihre Handflächen gegen die Scheiben, über ihre Wangen liefen Tränen. Dann verwischte ihr Gesicht in der Dunkelheit.

Während der Fahrt nach Hause dachte ich unentwegt an dieses wunderschöne, sympathische Mädchen, das wie eine Sternschnuppe in mein Leben gefallen war und von dem nicht mehr blieb als die Erinnerung an eine überhaupt nicht aufregende Nacht und der Wunsch, es bald wiederzusehen. Der Wunsch blieb unerfüllt. Wir sahen uns nie wieder. Nach einem Jahr erhielt ich einen Brief von ihr aus den USA. Sie lebe mit ein paar jungen Leuten zusammen und könne sich gut vorstellen, in Amerika zu bleiben. Und ich solle auf keinen Fall vergessen, *Schnaps* einen dicken Kuß zu geben, am besten auf das braune Ohr.

Obwohl die Episode mit Celeste, verglichen mit den Jahren meines bisherigen Lebens, kaum länger gedauert hatte als ein Wimpernschlag, so hallte sie noch lange nach. Ich versuchte mir vorzustellen, wie sie, das behütete Kind aus gutem Hause, weit ausholte, um die Welt zu entdecken. Ich hatte davon schon eine Menge gesehen, war inzwischen ziemlich träge geworden und empfand auch nicht mehr die ganz große Neugierde. Ich machte meine Jobs, am liebsten solche, die ohne aufwendige Reisen zu recherchieren waren. Diese junge, hübsche Miß aus

Johannesburg hatte mit ihrem heiteren Wesen und ihrer Unternehmungslust in mir etwas in Gang gesetzt, das eine längst verschüttet geglaubte Idee in den Kopf zurückholte, die ich seit meiner Jugend mit großen Unterbrechungen wie ein Pflänzchen gepflegt und bald auch wieder vernachlässigt hatte. Und daß ich ausgerechnet jetzt wieder damit begann, dieser Idee nachzuhängen, lag auch ein bißchen an Celeste.

An einem Abend im Frühsommer 1988 ergab es sich, daß beruflicher Verdruß, der sich während der vergangenen Wochen aufgetürmt hatte, eines ganz spontanen Abbaus bedurfte. Ich saß am Stubentisch, eine Flasche Roten in mir, eine zweite Flasche vor mir. Als ich auch diese Flasche geleert hatte, war die Welt wieder gut zu mir, und da ich mich genau jetzt in der Stimmung befand, um eine große Idee auf den Weg zu bringen, spannte ich ein weißes Blatt Papier in die Schreibmaschine und begann, einen Brief zu schreiben. Er war an den damaligen Chefredakteur des Magazins GEO, Hermann Schreiber, gerichtet und lautete etwa so: »Lieber Herr Schreiber. Seit Jahren trage ich eine Idee mit mir herum, die ich nun endlich loswerden möchte. Und ich könnte mir gut vorstellen, daß diese Reportage etwas für GEO wäre. Ich möchte ein Jahr lang in die Berge, nur mit meinem Hund *Schnaps* in einer Hütte leben, ohne Uhr und ohne Radio. Die Hütte muß weit über der Baumgrenze, also über 2000 Meter hoch liegen, abseits von Skipisten und Hotelanlagen. Verpflegung für ein Jahr muß auf die Hütte, da ich vorhabe, das ganze Jahr über oben zu bleiben. Ich möchte einfach wissen und beschreiben, was die Berge und die Natur mit einem machen, wenn man ihnen ein Jahr lang ausgeliefert ist. Vielleicht können Sie sich ja für das Thema erwärmen. Viele Grüße Ihr ...«

Es gab bestimmt schon geschliffener formulierte Exposés aus meiner Feder, um Chefredakteure von der Güte eines Themas zu überzeugen. Aber hier ging es ausschließlich um einen langgehegten Traum, den ich mir erfüllen wollte. Dazu brauchte ich die Hilfe von GEO, und ich brauchte zudem zwei Flaschen Rotwein, um den Mut aufzubringen, meinen Traum in knappen Worten zu formulieren und auf den Weg zu bringen. Morgen, mit klarem Kopf, hätte ich sicher nicht mehr das dringende Bedürfnis, den Brief abzuschicken. Also fuhr ich noch in der Nacht nach Weyarn und steckte ihn in den Postkasten. Eine Absage wäre kein Beinbruch gewesen und hätte am ehesten meiner Erwartung entsprochen. Was aber, wenn die Herrschaften in der GEO-Redaktion gleichfalls Gefallen an der Geschichte fänden? Die Antwort aus Hamburg kam zwei Wochen später:

»Lieber Herr König,
Ihr alpiner Vorschlag ist in der GEO-Redaktion auf Sympathie und Zustimmung gestoßen. Wir können uns die Geschichte sehr schön vorstellen, müssen nur noch über den Aufwand reden, den das ganze Projekt wohl verursachen wird ... gez. Emanuel Eckardt Stellv. Chefredakteur«

Diese Botschaft galt es erst einmal zu verdauen. Sosehr zunächst die Freude überwog, beschlichen mich zunehmend Zweifel, ob ich diesem Abenteuer gewachsen wäre. Ein ganzes Jahr! Auch im Winter! Vor allem im Winter! Ich unterrichtete umgehend meinen Verleger Hans-Helmut Röhring über die neuesten Nachrichten aus Hamburg. Er wußte seit geraumer Zeit von meinem Traum, für ein Jahr in die Berge zu gehen. Er wäre auch jederzeit bereit, ein Buch zu machen, vorausgesetzt, es fände sich ein Partner, der sich an der Finanzierung des Unternehmens beteiligen würde. Nun hatten wir den Partner. Es war mittlerweile Ende Juli. Im Mai des kommenden Jahres, so war es ausgemacht, wollte ich auf den Berg. Wenig Zeit, um eine Hütte zu finden, die exakt meinen Vorstellungen entsprach. Ich fand sie wenige Monate später, noch vor Einbruch des Winters, in den Dolomiten: Die Furcia-Hütte auf der Medalges-Alm, 2300 Meter hoch im Naturpark Puez-Geisler gelegen.

Unfassbar: Der Beste von allen ist tot

Mitte August besuchte mich Luke. Ich hatte ihm natürlich längst von meinen Plänen erzählt, ein Jahr lang als »Eremit auf Probe« in den Bergen zu leben. Da er sich vor einigen Monaten von seiner Frau und zwei Kindern, die am Starnberger See ein hübsches Haus bewohnten, getrennt hatte, bot ich ihm an, für die Dauer eines Jahres in mein altes Bauernhaus zu übersiedeln.

»Was soll ich in dieser alten Hütte? Und ohne *Schnaps*. Außerdem wohne ich wieder bei Frau und Kindern. Ist besser so.« Besonders begeistert klang das nicht, schon eher resigniert. Irgendwie paßte das alles nicht zu der Hamburger Frohnatur, wie ich sie kannte. Luke haderte mit seinem Schicksal, er war unzufrieden mit seiner Arbeit, die vor allem darin bestand, den Großteil der Woche durch Deutschland zu rasen, um ein paar Möbel zu verkaufen. Und dann gestand er mir, daß er *Schnaps* oft auf seine Reisen durch die Republik mitgenommen habe, während ich den Hund wohlbehütet in Reinthal wähnte. Im großen und ganzen habe sich *Schnaps* in den Hotels tadellos benommen. Nur einmal, es war in einem Hotel in Dortmund, war *Schnaps* irgendwie aus dem Hotelzimmer entkommen, während Luke im Frühstücksraum saß. Luke strahlte, als die Erinnerung an diesen denkwürdigen Morgen im Hotel zurückkehrte:

»Ich löffle gerade mein Ei, als ich denke, ich hätt 'ne Fata Morgana. Da spaziert der *Schnaps* doch mitten durch den Frühstücksraum, direkt auf das Büffet zu. Ein paar Leute waren ziemlich empört und sind von dem Büffet gleich weg, weil da plötzlich der Hund war. *Schnaps* mit der Schnauze mittenmang in die Bratwürstchen und gleich 'n halbes Dutzend weggemacht. Ich dachte, ich muß in' Boden versinken. Ein Ober schrie pausenlos: ›Wem gehört der Hund? Nehmen Sie den Hund weg!‹ Als ich mich ganz sachte verdrücken will, entdeckt mich *Schnaps*, kommt schwanzwedelnd auf mich zu, immer noch 'n paar Würstchen im Maul. Mann, war das peinlich. Ich pack ihn am Halsband und renn mit ihm zum Lift, rauf ins Zimmer. Ich hab dann an der Rezeption bezahlt, wollte für den Schaden aufkommen. Das Mädel meinte, das sei schon okay. Aber das nächste Mal bitte ohne Hund beim Frühstück.«

Ich fand diese Geschichte natürlich zum Brüllen komisch. Nur wollte mir nicht in den Sinn, weshalb Luke nie von seinen gemeinsamen Reisen mit *Schnaps* erzählt hatte. Luke sah mich erstaunt an:

»Hättest du das gut gefunden, wenn der Hund mit mir durch Deutschland düst?«

»Wahrscheinlich nicht. Es ist doch 'n Streß. Für dich und den Hund.«

»Da kenn ich den *Schnaps* besser. Der ist gerne mit Menschen zusammen. Und Autofahren mag er ganz doll. Jedenfalls in meinem Benz. Und außerdem: Ich find es einfach toll, wenn *Schnaps* dabei ist. Da ist immer was los, und die Leute mögen ihn.«

Warum erzählt er mir das gerade jetzt? Er hatte ja eigentlich damit rechnen müssen, daß ich ordentlich sauer würde. Er wußte, wie wenig ich davon hielt, Hunde auf Reisen mitzunehmen oder gar in Hotels und Gaststätten einzuquartieren. Warum also gerade jetzt? Luke schien seit unserem letzten Treffen vor ein paar Wochen verändert zu sein. Er war blaß, und von Speck und Käse nahm er, entgegen seiner sonstigen Gewohnheit, nur ein paar kleine Stückchen. Alkohol trank er gar nicht.

»Alles im Lot, Alter«, versuchte er mich zu beruhigen, »bin nur 'n bißchen schlapp zur Zeit. Vielleicht brauch ich einfach nur Urlaub. Oder wir sollten mal wieder richtig segeln. Nächstes Wochenende. Da ist am Starnberger See 'ne Oldtimer-Regatta. Wäre doch was …«

Ich fand die Idee prima. Jahrelang hatten wir gemeinsam regattamäßig auf Dickschiffen gesegelt, und Luke war mein Lehrmeister gewesen. Er hatte mir eine Menge beigebracht.

Wir segelten vor Helgoland und bei der Kieler Woche, auf dem Bodensee und auf den bayerischen Revieren, und einmal hätten wir um ein Haar das große Ding gelandet. 1979 wurden wir gemeinsam mit vier anderen an Bord der *Northstar* Vizeweltmeister in der 3/4-Tonner-Klasse. Den greifbar nahen Weltmeistertitel hatte uns ein Orkan während der letzten Wettfahrt im Kattegat »verblasen«. Dann bekam Luke Probleme in seiner Ehe, zog zu einer Freundin, nahm einen neuen Job an und hatte wohl keine Zeit mehr zum Segeln.

Aber nun hatte ich ihn soweit. Er wollte wieder aufs Wasser. Gleich am nächsten Tag fuhr ich nach Bernried. In der Marina lag ein wunderschöner, alter, gepflegter Holz-*Drachen*, Baujahr 1954. Er gehörte einem Münchner Fotografen, der selbst kaum segelte und dankbar war, wenn sein Schiff gelegentlich bewegt wurde. Mit diesem *Drachen* würden Luke und ich an den Start gehen. Ich überprüfte die Segel, das Tauwerk, wischte die Spinnweben aus der Takelage, drehte bei leichtem Wind eine kurze Runde. Das Schiff lief fabelhaft, und wir würden am kommenden Wochenende eine Menge Spaß haben.

Einen Tag vor der Regatta klingelte bei mir frühmorgens – es war kurz vor sieben – das Telefon. Dieter, Lukes Steuerberater und Freund, war in der Leitung. Seine Worte trafen mich wie Keulenschläge: »Luke ist tot«. Ich begriff nichts. Und das Begreifen wurde auch nicht leichter, als mir Dieter das Unbegreifliche in dumpfen, von vielen Pausen unterbrochenen Worten zu erklären versuchte. Demnach hatte Luke am Abend zuvor im Garten seines Häuschens am See einen Herzinfarkt erlitten. Durch eine Verkettung unglücklicher Umstände (oder einfach aus Schlamperei) war der Notarzt erst nach einer halben Stunde mit dem Sanitätswagen eingetroffen. Es ist nie geklärt worden, ob Luke bei einem früheren Eintreffen von Arzt und Sanitätern hätte gerettet werden können. Jedenfalls war er bereits tot, als er ins Krankenhaus eingeliefert wurde. Luke war 36 Jahre alt, als er starb.

Etwa zwei Jahre nach seinem Tod bin ich mit *Schnaps* zum Friedhof nach Aufhausen gefahren, hoch über dem Starnberger See, um ihm Lukes Grab zu zeigen. Prompt kam ein aufgebrachter Friedhofswärter und drohte mit Anzeige, weil es verboten sei, Hunde auf Friedhöfe mitzunehmen. Ich entschuldigte mich und sagte im Gehen:

»Wissen Sie, der Hund wollte unbedingt hierher. Die beiden waren nämlich dicke Freunde.« Der Friedhofswärter blickte zunächst mich zweifelnd an, dann den Hund, dann warf er einen Blick auf die Grabinschrift, schüttelte den Kopf und murmelte:

»So, so ... Na ja ...«

Lukes Tod hatte mein Leben verändert. Nicht nur, weil ich einen guten Freund – vielleicht den besten – verloren hatte. Es gab nun auch niemanden mehr, der kurzfristig in die Bresche sprang, wenn ich verreisen mußte. Eine erste Prüfung, wie mit den veränderten Verhältnissen zurechtzukommen wäre, galt es um die Weihnachtszeit desselben Jahres zu bestehen. Die Redaktion der Zeitschrift *Cosmopolitan* in München hatte von meinem Vorhaben erfahren, ein Jahr lang in die Berge zu gehen. Gleichsam als »Trainingslager« sollte ich drei Wochen lang alleine eine Insel bewohnen, ausgerüstet mit dem Nötigsten wie weiland Robinson Crusoe, und darüber eine Reportage schreiben. Der besondere Reiz dieses Auftrags lag darin, daß ich mir mein Reiseziel selbst aussuchen konnte. Ich entschied mich für die Seychellen, weil der etwa zehnstündige Flug im Rahmen dessen lag, was ich mir zuzumuten bereit war. Ich fand ein kleines Eiland, 500 Meter lang und 300 Meter breit, auf dem ich drei Wochen verbrachte, von selbstgefangenen Fischen und von Kokosnüssen lebte und oft an *Schnaps* dachte, den ich während meiner Abwesenheit in fremde, aber, wie mir von Herrn Acher versichert worden war, sehr zuverlässige Hände gegeben hatte. Zum erstenmal in seinem Leben hatte ich *Schnaps* in einer Tierpension untergebracht. Im feinen Rottach am Tegernsee, in bester Lage, mit eigener Hundehütte und großzügig bemessenem Auslauf sollte sich *Schnaps* einigermaßen wohl fühlen. Als ich ihn noch am Tag meiner Rückkehr abholte, erinnerte ich mich an unser stürmisches Wiedersehen in Hamburg, dem eine sechswöchige Trennung vorausgegangen war. Als ich im Büro die Kosten für Übernachtung und Verpflegung bezahlt hatte, wurde *Schnaps* von einem Pfleger geholt. Diszipliniert und mit beinahe verletzendem Gleichmut kam mir *Schnaps* entgegen, setzte sich vor mich hin und sah zu mir auf, als wollte er sagen: »Tut mal ganz gut, so'n bißchen Abstand, oder?« Sogar seine Decke mußte man ihm hinterhertragen. Ohne einen Anflug erkennbarer Freude oder Dankbarkeit sprang er ins Auto und legte sich in seinem Privatabteil nieder. Kein Zweifel: *Schnaps* war in die Jahre gekommen.

Am 20. Mai 1989 begann unser Abenteuer in den Bleichen Bergen. Ein Jahr lang lebte ich mit *Schnaps* in der Einsamkeit der Dolomiten. Aber das ist eine andere, lange Geschichte, die ich während der Zeit auf der Furcia-Hütte aufgeschrieben habe. Nachzulesen in dem Buch »MEDALGES – Ein Jahr allein in den Bleichen Bergen«. Da aber dieses Jahr das wichtigste und intensivste unserer fast fünfzehnjährigen Freundschaft war, soll es im folgenden in »komprimierter Form« wiedergegeben werden – so, wie es im Magazin GEO abgedruckt war.

Ein Jahr mit »Schnaps« in den Bergen

20. Mai. Die Stille macht beklommen. Ist unheimlich. Ohne jeden Laut. Die letzten, stummen Spuren von Geselligkeit verschmelzen als bunte Kleckse weit unten mit dem fahlen Braun der Almwiesen: Zehn Männer der Bergwacht aus Bruneck schrumpfen zu Stecknadelköpfen, bis sie der Zirbenwald verschluckt.

Nun bin ich allein, 2300 Meter über Normalnull, im Norden

der Dolomiten, und was mir Sorge macht: Werde ich es ein Jahr lang mit diesen schroffen, übermächtigen Nachbarn aushalten? Ihre Schultern und Flanken sind immer noch mit Schnee bedeckt. Die Kälte, die von ihnen ausgeht, ist für mich, der ich aus der Kirschblüte des Voralpenlandes komme, fast ein Schock. Aber vielleicht werde ich sie doch noch mögen und nicht nur ehrfürchtig anstarren, wie man eben Dinge anstarrt, die so viel größer und stärker sind als man selbst. In meinem Kopf hallt die Hektik der vergangenen Stunden nach. Ernst Klammsteiner, »Klamme« genannt, ein gern lachender, etwas zur Fülle neigender Enddreißiger mit lichtem Scheitel und blondem, struppigem Schnauzbart, hatte meinen »Almauftrieb« organisiert. Hatte seine Freunde von der Bergwacht mit eingespannt, mit *Eli Cortina* einen guten Preis für den Hubschraubertransport ausgehandelt und mit Hand angelegt, um vierzehn Netze mit Ausrüstung und Brennholz zu füllen. Als alles oben war, trafen wir uns vor der Hütte, tranken Wein aus einem der beiden Holzfässer, die mir das Leben hoffentlich etwas leichter machen würden, und bevor sie sich auf den Heimweg machten, drückte mir ein baumlanger, schlaksiger Brunecker, mit einem dunklen Vollbart und lustigen Augen, die Hand und sagte: »I bin der Roland. Mir werd'n scho' auf di' aufpass'n.« Da wußte ich, ich bin in guten Händen.

Von der Euphorie der vergangenen Wochen ist nicht viel geblieben. Diese Stille! Sie hüllt mich ein, ist unangenehm, ganz anders, als ich sie mir vorgestellt hatte: blutleer und fremd. Wie füllt man sie, ohne daß es laut wird?

Kann ich mich an sie gewöhnen, ohne dumpf oder gar sprachlos zu werden?

Ganz allein bin ich jedoch nicht. Hilfesuchend halte ich Ausschau nach meinem Partner, der unterwegs ist, um das alpine Terrain zu erkunden. Als er endlich kommt, hechelnd und vor Anstrengung zitternd, ist das Fremde gleich eine Spur vertrauter. Sein Name ist *Schnaps*. Sein Pelz ist weiß, und seine Erziehung schlecht, so daß er sich kraft seiner Größe nicht scheut, die Schnauze über jeden Eßtisch zu recken, um sich über das Menü zu informieren. Er bettelt, was mich nicht stört. Im Oktober wird er sieben.

Sein erster Ausflug in steilem Gelände bringt ihn nicht gerade ins Schwärmen. Er sitzt vor mir und sieht mich an mit zwei blanken, braunen Fragezeichen, und wenn er reden könnte, würde er jetzt sagen: »Ist nicht dein Ernst, oder? Ein ganzes Jahr! Ohne einen einzigen Baum!«

Die Wolken sabbern feinen Niesel. Noch keine Spur vom Frühling. Der Südhang der Medalges-Alm ist matschiges Braun, durchsetzt mit dem Rest fauligen Schnees. Auf den ersten Blick ist die Furcia-Hütte recht gemütlich. Auf den zweiten nicht mehr. Der Küchenboden ist glitschig, wie mit Schmierseife bestrichen. Auf den Brettern steht das Wasser einen guten halben Zentimeter hoch, und die Pfützen sind übersät mit Mäusekot. Im Dachboden schmilzt der Schnee und tröpfelt durch die Stubendecke. Das Würgen im Hals nimmt zu, während ich die drei übrigen Räume inspiziere. In Schlafkammer, Stube und Speisekammer sieht es ähnlich aus. »Nicht grübeln«, sage ich mir, »arbeiten.« Bis zum Abend ist die Hütte so weit geputzt, daß man den Dreck wenigstens nicht mehr sieht. Riechen kann man ihn noch allemal. Ich verkrieche mich im Schlafsack. Bettwäsche gibt es morgen, wenn ich meine Blechkiste ausgepackt habe. Ich bin durchgefroren bis auf die Knochen. Der Ofen, der für die Stube bestimmt ist, steht noch im Stall. Irgendwann wird mir »Klammes« Vater, ein Spengler, den Kamin aufs Dach bauen.

Der große Kalender, den ich an die Stubenwand geheftet habe, trägt meine erste Notiz: »Frühstück mit Anorak, Bergstiefeln und Wollmütze. Nur der Kaffee ist warm«. In der Küche ist schlecht verweilen. Es gibt keinen Tisch. Die einzige gemauerte Wand ist schwarz vom Ruß, und es ist so düster, daß ich auf der Hut sein muß, um beim Kochen die Gewürzbüchsen nicht zu verwechseln. Es ist schwierig, sich daran zu gewöhnen, ohne Uhr zu leben, ohne Radio, aber mit unendlich viel Zeit. Wie läßt man Tage verstreichen, ohne sie zu nutzen? Was wird die Natur in ihren Launen mit mir tun? Sich mir erklären oder mich erdrücken?

Im Stall sieht es immer noch aus wie in einem Großmarkt. Lebensmittel stapeln sich darin, die ein Jahr lang für einen Menschen und einen Hund reichen sollen: Brot in Dosen, Wurst in Dosen, Fleisch in Dosen, Kraut in Dosen, alles in Dosen. Und was nicht in Dosen ist, wie Bohnen, Linsen, Erbsen und Mehl, ist in Säcken. Nichts Frisches. Für den nötigen Vitaminschub sollen Pillen sorgen. Mitgebracht habe ich Werkzeuge und Bergausrüstung, zum Beispiel Ski mit Steigfellen, ein Fünfzig-Meter-Bergseil, Eispickel, Steigeisen und Schneereifen.

Die Toilette befindet sich an der windgeschützten Ostseite des Stalls. Der Verschlag ist etwa ein Meter siebzig niedrig und aus morschen Brettern gezimmert. Nicht der Wind, der durch die Ritzen bläst, ist die wahre Plage. Viel schlimmer ist die Thermik, die mich von unten anweht. Es ist scheußlich, als ob die »Kalte Sophie« nach mir grabschte. In der Stube stelle ich mit Unbehagen fest, daß nicht nur die Füße einer wärmenden Hand bedürften.

Juni. Vom Sommer ist noch nichts zu spüren. Durchwachsene Tage mit Schnee, Schneeregen und Minusgraden. Die Namen meiner Nachbarn, die Berge der Puez-Geisler-Gruppe, habe ich mir inzwischen eingeprägt: Zwischenkofel, Zwölferkofel, Piz Somplunt, Kapuziner, Puez-Spitzen, Piz Doledes, Wasserkofel, Torkofel, Furchetta, Sas Rigais. Unsere Ausflüge sind kurz, reduzieren sich auf etwa einstündige Wanderungen zum Sobutsch, am Ende der Medalges-Alm. Ich muß endlich damit beginnen, das Holz zu sägen, das sich hinter dem Stall türmt. Doch großteils ist es unter Morast vergraben, den der Regen vom erodierten Osthang der Medalges schwemmt. Derzeit sieht es aus, als hätten Archäologen ein vorchristliches Brennholzlager freigelegt.

Aber es gibt genügend andere Arbeit. Die Hütte, im Winter noch nie bewohnt, muß isoliert werden. Gelegentlich pfeift der Wind so heftig durch die Ritzen in die Schlafkammer, daß die Plastiksäcke knistern, in denen meine Wäsche verstaut ist. Meinen ursprünglichen Plan, das gesamte Holz mittels einer Bügelsäge »händisch« in ofengerechte Stücke zu schneiden, habe ich nach den ersten Versuchen aufgegeben. Es ist einfach zuviel, ich brauche eine Motorsäge. Der Zufall kommt mir zu Hilfe. Bellend kündigt *Schnaps* Besuch an. Zunächst sehe ich nur einen Schäferhund, der den steilen Hang zur Furcia herauftrottet. Dann biegt ein Mann um die Grasnase, die den schmalen Weg verdeckt. Die beiden Hunde beschnüffeln sich. *Schnaps*, ein gutartiger und durchweg freundlicher Geselle, gestattet dem »Schäfer« sogar, die Nase in seinen Futternapf zu stecken. Daraus könnte Freundschaft werden. Nun ist auch der Mann oben. Unter einem dunkelblauen Perlonhütchen schimmert kurzgeschnittenes schwarzes Haar. Er trägt die landesübliche blaue Schürze, sagt auf ladinisch »bun dómisedé« – »guten Nachmittag« – und stellt sich als Giovanni Castlunger vor. Im Sommer, sagt Giovanni, seien wir Nachbarn. Da betreue er mit seiner Emma und den beiden Söhnen Franz und Albert unten in Funtanacia die Kühe der Campiller Bauern, von Mitte Juli bis Mitte September. »Kommen's runter im Sommer, kriegen's Milch von a Kuh.« Natürlich werde ich kommen, aber im Moment, da hätte ich andere Sorgen. Ich erkläre ihm mein Holzproblem. »Na, na! Mit Hand sägen geht nicht«, winkt Giovanni ab. »Hab ich a Motorsäge. Bring ich näxschte Woche rauf.« Dafür bekommt er einen Obstler. Zehn Liter habe ich mitgebracht, gebrannt aus Äpfeln und Birnen meines Obstgartens. Wie versprochen kommt Giovanni eine Woche später. Nun kann ich mit dem Sägen beginnen.

Giovanni hat durch seinen Bruder Peter in Campill von mir erfahren. Ich weiß, daß mich viele im Dorf für einen Verrückten halten, der sich hier oben freiwillig um Kopf und Kragen bringen will. Als ich in Campill war, um die letzten Vorbereitungen für meinen selbstgewählten Exilaufenthalt zu treffen, übernachtete ich im »Sanvi«, das Giovannis Bruder gehört, und trank in der Wirtsstube am Abend gelegentlich ein Glas Roten. Da standen alte und junge Ladiner am Tresen, palaverten und lachten, bis irgendeiner auf mich aufmerksam machte. Dann trafen mich der Reihe nach verstohlene Blicke, die Stimmen wurden gedämpft, und gelegentliches Kopfschütteln des einen oder anderen ließen keinen Zweifel daran, was sie von mir hielten. Am augenfälligsten zeigte stets Theresa, die Schwester von Giovanni und Peter, ihr Mitgefühl, wenn sie mir das Essen brachte. Meistens gönnte sie mir noch einen versonnenen Blick, als dächte sie noch kurz darüber nach, ob das Kranzgebinde eine schwarze oder lila Schleife bekommen sollte.

Juli. Ich arbeite, als stünde der Winter bereits in Sichtweite. Mit Sonnenaufgang stehe ich auf, schneide Holz, frühstücke am Vormittag: Speck, Dosenbrot, Marmelade, Kaffee oder: Kaffee, Dosenbrot, Marmelade und Speck. Krieche auf dem Dachboden herum, um mit Brettern und Leisten die Ritzen abzudichten, hole Wasser an der Quelle, wandere zum Kreuzjoch, säge weiter. Mittagessen fällt in diesen Tagen meist aus. Am Abend gibt es noch eine »Marende«, eine Brotzeit. Danach lese ich ein paar Seiten William Faulkner oder Karl Kraus, und nach Sonnenuntergang geht's ins Bett. Zuvor habe ich die Finger gesalbt, die von der Kälte und Nässe rissig sind. Dafür verwende ich Melkfett, das ich in der Hütte gefunden habe. Ein universelles Mittel: für empfindliche Kuheuter, für mein Gesicht und die Bergstiefel.

Ganz ohne technischen Komfort bin ich aber nicht. Auf Gedudel und Nachrichten aus dem Radio kann ich verzichten, auf Musik nicht. Ein Walkman mit zwei bescheidenen Aktiv-Boxen unterhält mich mit Barockem und Klassik von der Kassette. Musik brauche ich, ohne sie würde ich wahrscheinlich mutlos werden.

Der Hund ist nicht untätig. Er jagt. Aber nach den enttäuschenden Erfahrungen, die er mit Gemsen und Murmeltieren gemacht hat, bevorzugt er nun die Hatz auf Niederwild, ja auf niederstes Wild. Ein ergiebiges Revier hat er auf einem Hügel entdeckt, auf halber Strecke zwischen Furcia und Kreuzjoch. Er jagt Mäuse, und ich finde, er sollte sich schämen, weil die Technik, die er dabei anwendet, heimtückisch und ganz und gar unwaidmännisch ist. Weil seine bevorzugte Beute Schneemäuse sind, die ihren Bau knapp unter der Grasnarbe anlegen, befleißigt sich *Schnaps* zweierlei Techniken. Angesichts der ersten stockt einem buchstäblich der Atem: Er steckt seine Schnauze in das Loch und beginnt mit langen, genüßlichen Zügen die Luft aus den meist sehr kurzen Gängen zu saugen. Bevor die Maus erstickt, kommt sie, halb benommen, zum Ausgang. Dann gibt es kein Entrinnen. Die zweite Methode ist ähnlich rüde. Mit seinen mächtigen Pfoten gräbt er wie ein Bagger den Gang auf, so lange, bis er auf Beute stößt. Mit einer Brutalität ohnegleichen ergötzt er sich an den Qualen der geschundenen Kreatur, tritt mit seinen Pranken darauf, bis sie im Erdreich versinkt, holt sie mit seinen Krallen wieder hervor, beißt und schleudert sie in die Luft. Sollte die Maus dabei noch Pfiffe von sich geben, so ist das für den Hund ein kapitales Jagderlebnis. Meistens bellt er das halbtote Tier an, bis ihn das Spiel langweilt. Dann frißt er die Maus.

Inzwischen hat sich meine Bergeinsamkeit doch etwas anders entwickelt, als ich sie mir vorgestellt hatte. Es gibt nämlich Menschen im Tal, die sich um mein Wohlergehen mehr Sorgen machen, als es mir in den Sinn käme. Mir ist nicht mehr bang vor den kommenden Monaten – wenigstens nicht im Moment. Roland Pramstaller und der »Klamme« sind meine Schutzengel geworden, die sich mindestens einmal in der Woche nach meinem Befinden erkundigen. Auf ihr Anraten hatte ich mir ein Handfunkgerät beschafft und darf mit Erlaubnis der Bozener Bergrettungszentrale die speziell für Rettungseinsätze reservierte Frequenz benutzen. Ab und zu besuchen sie mich auch, Roland, »Klamme«, Egon, Hugo und die anderen, und bringen mir lang entbehrte Delikatessen mit: Blumenkohl, Paprika, Salat oder frisches Brot. Ganz besonders aber freue ich mich über frische Eier. Da sitze ich dann beim Frühstück, wiege das warme Ei in der Hand wie einen Klumpen Gold, köpfe es, schnuppere am Dotter und bin wunschlos glücklich. Man wird bescheiden auf »Zwo-Drei«.

Am 17. Juli bringt der Hubschrauber in Netzen das Holz für den Winter nach oben. Der »Klamme« hat es noch mal geschafft, zehn Freunde von der Bergwacht in Bruneck dazu zu überreden, dem »Jirgen da drob'n zu helfen, damit er nicht erfrieren tut«. Als alles Holz oben ist, kommen sie zu mir rauf. Sie packen ihre Marende aus – Käse, Speck, Brot, Kaminwurz'n und Rotwein – und setzen sich um den großen Tisch vor der Hütte. Leere Flaschen und Plastik nehmen meine Besucher wieder mit. Meinen eigenen Müll deponiere ich in Säcken im Stall. Etwa fünfzehn werden es nach Ablauf des Jahres sein, die ich mit der Kraxe zu den unteren Almhütten bringe. Von dort fährt Roland sie mit dem Auto zum Müllplatz im Tal. Salatblätter und anderer biologischer Unrat kommen auf den Kompost hinter dem Stall. Da holen ihn sich die Dohlen – wenn sie der Hund läßt, der alles haßt, was fliegt.

Das Jahr macht Fortschritte, auch wenn es für mich immer noch in den Windeln liegt. Die Kugelschreiberkreuze klettern mühsam die Kalendersprossen auf und ab. Es gab bisher viele schlechte Tage, die ich »Lava-Tage« nenne, weil sie sich so zäh dahinschleppen. Meine Stimmungen sind sehr vom Wetter abhängig. Wenn tagelanger Nebel meine steinernen Nachbarn verhüllt, ist es besonders schlimm. Aber seit ein paar Tagen gibt es auf Funtanacia frische Milch. Die Campiller Kühe sind auf der Alm, und die fette, würzige Milch krönt Kaffee und Kakao. Über Nacht wurde mein einfaches Leben in den Adelsstand erhoben: »Klamme« brachte mir eine elektrische Lampe. Sie wird mit Solarstrom aus einem Koffer betrieben, der auch die Akkus für Walkman und Funkgerät versorgt. Zwei Karbidlampen und etliche Kerzen haben die Stube bisher mühsam erhellt.

August. Am 1. August möchte ich mit Pomp und Gloria meinen Geburtstag feiern. Pfannkuchen soll es geben, mit Honig und Marmelade, draußen auf der Terrasse. Der Hund wird mein Gast sein, sonst niemand. Doch der erste Augenaufschlag am Morgen verheißt nichts Gutes. Wattige Wolken lehnen an den Scheiben, und in der milchigen Suppe draußen schimmern glitzernde Fäden: Es schneit. Daß es bereits die ganze Nacht geschneit hat, sehe ich, als ich vor die Hütte trete. Zehn Zentimeter mißt der Zollstock, den ich in die Schneedecke auf dem Tisch stecke. Kein Frühstück im Freien! Dann will ich auch kein Festmahl zu meinem sechsundvierzigsten.

Statt dessen gibt es zwei Spiegeleier mit Speck, dazu hartes Brot, das ich mit der »Grammel«, einem auf Holz befestigten Hackmesser, in kleine Stücke sprenge. Der Hund bekommt eine Dose Rindfleisch und ein rohes Ei. Im großen und ganzen bin ich dennoch im Lot. Die schwere körperliche Arbeit, die wie entfesselt wuchernde Natur, die Musik- und Lesestunden bei gutem Licht treiben die Zeit voran und schaffen angenehme Tage. Und der Schnee wird bald wieder weg sein. Augenblicklich habe ich das nicht zu befürchten, was mir ein Freund orakelt hat: daß nach Ablauf des Jahres mein Hund die Geschichten aus dem Bergen erzählen wird und ich bellend durch den Englischen Garten in München streunen werde. In meinem Bedürfnis, allein zu sein, muß ich derzeit harte Prüfungen über mich ergehen lassen. An schönen Wochenenden ziehen Kind- und-Kegel-Prozessionen von Villnöß zum Kreuzjoch, wo man zum Verschnaufen lagert, um dann noch die Dreiviertelstunde bis zur Schlüter-Hütte »zu machen«. Da die Furcia so idyllisch unterhalb des Höhenweges liegt, verfällt mancher Wanderer dem Irrglauben, bei mir willkommen zu sein. Milch und Käse wollen sie und Speck und Bier und eine Toilette, weil die Kleine mal muß, und sind ganz außer sich, weil dieser »Almhirte« noch ungehobelter und unfreundlicher sein kann als sie selbst.

Leuten, die fordernd und herrisch nach Essen und Trinken verlangen, bin ich nervlich nicht gewachsen. Da werde ich grob und wünsche sie zum Teufel. Sollen sie denken, was sie wollen.

Um den Wanderern und Alpinisten die Enttäuschung zu ersparen, die sie auf der Furcia erwartet, ergreife ich Maßnahmen zum Schutze Alleinlebender in über 2000 Meter Höhe. Mit Pinsel und schwarzer Farbe fertige ich zwei hölzerne Warntafeln an. Darauf steht: »Nix gibt's – weder Milch noch Speck« und »Keine Milch, Eier, Speck, Kaviar, Bier, Wein etc. Nix gibt's – leider«. Doch viele halten die Schilder bloß für einen Witz und lassen sich davon keineswegs abhalten, mir auf die Nerven zu fallen.

Das Holz ist seit ein paar Tagen im Stall. Endlich. Nun habe ich viel Zeit zum Wandern. Oft bin ich mit *Schnaps* stundenlang unterwegs, am Peitlerkofel, auf der Roa-Scharte oder unten in Funtanacia, wo an den Nordflanken des Piz Doledes die Murmeltiere ihre Faxen machen und mit schrillen Pfiffen den Hund foppen. Mit dem Fernglas hole ich die drolligen Komödianten in meine Nähe, kann sie beobachten, wenn sie hoch aufgerichtet vor ihren Höhlen stehen, die Köpfe erhoben, die Vorderpfoten über der Brust gefaltet, als wären die Augen der ganzen Welt auf sie gerichtet. Funtanacia ist wie ein Stück aus der ladinischen Sagenwelt, Gnomen-, Zwergen- und Feenland mit einem silbernen Gewirk von Bächen und Quellen, ein unablässiges Raunen und Rauschen, Rinnen und Rennen. Auf mächtigen Felsklötzen wachsen knorrige Zirben, deren Wurzelwerk wie die Tentakel einer Krake den Stein umschlingen. Lärchen spannen ihre zartgrünen seidenen Dächer über bemooste Pfade, und Alpenrosenbüsche blühen so üppig, wie ich es noch nie gesehen habe.

In letzter Zeit träume ich viel und gründlich. Meist von Frauen, die ich nicht kenne. Aber auch tagsüber bin ich mir im Augenblick zuwenig. Ich kann mich nicht ausstehen, und wenn ich in der Früh in den Spiegel schaue, finde ich mein Gesicht zum Kotzen und meine Augen wie zerschlagen. Dann lese ich in meinem Standardwerk für Einsiedler »Walden oder Leben in den Wäldern« des Amerikaners Henry David Thoreau. Aber oft fällt es mir schwer, mich mit seinen Aphorismen anzufreunden: »Nie fand ich den Gesellschafter, der so gesellig war wie die Einsamkeit.« Ich hingegen bin von den Menschen noch nicht entwöhnt, und inzwischen weiß ich, daß ich es ohne jeden Kontakt hier oben nicht aushalten kann. Nicht ein ganzes Jahr.

September. Die Mäuse in der Hütte sind eine Plage. Selbst am hellichten Tag schrecken sie nicht davor zurück, ungesicherte Nahrungsmittel anzunagen. In der Nacht treiben sie es besonders toll und rennen zwischen Dachboden und Stubendecke, als hätten sie kleine, genagelte Schuhe an. Da sie zu ungeschickt sind, um den Kopf ordnungsgemäß in eine zuschnappende Falle zu stecken – entweder hat es ihren Schädel gespalten oder sie verloren ein Bein oder gerieten mit dem Hinterteil unter den Bügel –, muß ich zu härteren Maßnahmen greifen. Es gibt Gift. Bald beginnt an sieben Köderstellen in der Hütte das große Sterben. Nach zwei Wochen herrscht Ruhe im Haus.

Meine Schutzengel, angeführt von Hans Klammsteiner, »Klammes« Vater, haben einen feinen Kamin auf die Hütte gebaut, und als zum erstenmal der Rauch aufstieg, jubelten sie, als sei soeben ein neuer Papst gewählt worden. Nun ist mir nicht mehr bang vor dem Winter.

Oktober. Am Morgen sitze ich auf einem der Brunnentröge und sehe dem Wasser zu, wie es aus der Schlauchmündung läuft. Vom Höhenweg herab knistern Stiefel, die über Steine gehen, und das Geräusch vermischt sich mit männlichen Stimmen, die schwäbisch reden. Kein Witz – es sind sieben, und da ich davon ausgehe, daß alle sieben schwäbisch sprechen, kommen mir halt die Sieben Schwaben in den Sinn. Es weht ein leichter Nordwestwind, der die Worte zu mir trägt.

Erster: »Was duat denn der da hoba?«
Zweiter: »Küa hüata, was sonsch?«
Erster. »Wo sen nacha die Küa?«
Zweiter: »Woiß i doch it. Irgedwo.«
Erster: »Da müßt ma doch die Schella höra.«
Zweiter: »Vielleicht hat er Schof. Die hent koine Schella. Muascht'n halt froga.«
Erster: »Froga! Froga! Der schwätzt doch bloß Ladinisch.«
»Die Ungewißheit, ob »Küa« oder »Schof« nehmen sie mit in den Nebel.

November. Seit Tagen ist es sonnig und warm, wie der Sommer eigentlich hätte sein sollen. Auf meinem Handrücken stirbt ein kleiner Fuchs, einer jener Edelfalter, die während der vergangenen Monate zu meinen gerngesehenen Gästen gehörten. Seine Flügel liegen flach ausgebreitet auf meiner Hand, zart und leicht. Die Fühler sind gekrümmt und zittern wie Gras im Wind. Ich glaube, das ist ein Teil dessen, was ich zu erleben und vor allem wahrzunehmen hoffte, als ich auf den Berg ging: wie die Natur bereits im Kleinen ordnet, regelt, beendet und Neues schafft, ohne daß der Mensch in seiner Überheblichkeit und dauernden Besserwisserei regulierend eingreift. Es gibt Tage, da möchte ich mich am liebsten umstülpen und ausleeren. Dann hätte ich Raum in mir, den ich ausfüllen könnte mit Eindrücken und Erlebnissen, die von Dauer und wirklich wichtig sind. Was sollte in diesem Jahr in der Welt da draußen schon groß passieren, daß es nicht Zeit hätte, um es irgendwann zu erfahren? Auf meiner Hand ist heute ein Schmetterling gestorben. Das ist meine schlechte Nachricht.

Der November ist fürs Sterben gemacht. Am Abend des Zwölften teilt mir Roland über Funk mit, daß meine Mutter tot sei. Zwei Tage später fahre ich auf Skiern nach Campill, da es während der letzten Tage fast einen Meter Neuschnee gegeben hat. *Schnaps* bleibt bei Pepi Graber in St. Lorenzen, ich fahre mit dem Zug weiter ins Allgäu. Langhaarig, mit grüner Windjacke und roten Bergstiefeln stehe ich am Grab, ein unschicklicher Farbklecks im Dunkel der Trauergäste. Wenn mich meine Mutter sehen könnte, dann würde sie bestimmt zu mir sagen: »Na, Bua! Wie laufsch denn wieder rum. Aber a bißle a Schlamper warsch ja scho allweil.«

Meine Brüder berichten mir Unglaubliches: Die Berliner Mauer sei seit kurzem offen, man spreche bereits von »Wiedervereinigung«. Karajan sei gestorben und Kohl immer noch Kanzler. Ich möchte ganz schnell wieder auf meinen Berg. Ich will keine Zeitung und auch keine Fernsehnachrichten. Es fiele mir ohnehin schwer, die politische Entwicklung zu begreifen. Die Welt wird in diesem Jahr nicht aus den Angeln fliegen, auch wenn heftig daran gerüttelt wird.

Dezember. Der Winter trödelt. Das bißchen Schnee ist kaum der Rede wert. Seit ein paar Tagen ist meine Quelle eingefroren. Mit der Kraxe und einem Plastikkanister muß ich das Wasser von weiter unter heraufbuckeln, etwa eine Stunde Fußweg in steilem Gelände. Zwei Tage später sprudelt sie wieder, dann liegt sie abermals trocken. Der Medalges-Hang ist vereist wie ein Gletscher. Ich kann mich nur auf Steigeisen sicher bewegen. Mit dem Trinkwasser gehe ich sparsam um. Zum Baden und Wäschewaschen taue ich Schnee auf. Die Annahme, daß Neuschnee in 2300 Meter Höhe nicht nur sauber, sondern rein sei, erweist sich als Trugschluß. Auf dem Topfboden sammelt sich Morast, der vom Himmel kommt.

Meistens bin ich erschöpft vom Nichtstun, Nichtsdenken, Nichtswollen. Ich atme, das ist alles. Ich dachte, ich hätte mich an die Stille gewöhnt. Habe ich nicht. Manchmal stoße ich Schreie aus, laufe singend zum Kreuzjoch oder steige aufs Hüttendach – einfach so.

Am Heiligen Abend möchte ich zur Christmette nach Campill, nicht aus christlicher Überzeugung, aus Neugier. Über Funk bitte ich Giovanni, *Schnaps* während der Mette mit nach Hause zu nehmen. Es ist eine sternklare Nacht. Um 22 Uhr gehe ich zur Mette und anschließend mit dem Hund sofort wieder auf die Furcia, gemütlich, über frisch gefallenen Schnee. Wir brauchen schätzungsweise drei Stunden, bis wir oben sind. Ich setze mich noch ein paar Minuten auf den Tisch vor der Hütte und betrachte meine Nachbarn, die wie Scherenschnitte in einen sternübersäten Himmel geklebt sind. Und jetzt weiß ich auch, warum mir gar nicht weihnachtlich zumute ist: Ich hatte keine Bescherung.

Der Dezember schenkt zwanzig Sonnentage mit Temperaturen um dreizehn Grad. Ab und zu höre ich im Funkgerät die Klagen derer, die der Schneemangel hart trifft: Liftbetreiber, Pensionsbesitzer und Alpinisten. In St. Vigil habe sich eine Pensionsbesitzerin gar die Pulsadern aufgeschnitten, da sie sich nach dem zweiten, schneearmen Winter dem Ruin ausgeliefert sah. Sie wurde gerettet, und ich wünsche ihr Urlauber und Schnee bis unters Dach. Mir wird nicht bang, selbst wenn das noch eintreffen sollte, was mir der alte Konstantin, ein Bauer aus Campill, im Sommer vorausgesagt hat: »Madonna! Vier, fimpf Meter Schnee!« Ich bin im Naturpark Puez-Geisler, wo es keine Lifte, Bergbahnen und Skipisten gibt. Und für anspruchsvolle Skitouren ist die Medalges-Alm nicht attraktiv. Denn nur vor Touristen habe ich Angst.

Januar/Februar. Ich lese, höre Musik, hole Wasser von unten und schlafe. Die Tage vergehen nicht, ich muß sie bezwingen. Zudem trage ich auf der Kraxe die ersten Müllsäcke zur untersten Almhütte. Das geht ins Kreuz, hält aber in Schuß. Das Laufen im steilen Gelände verursacht keine Beschwerden mehr, da ich etwa fünfzehn Kilo abgespeckt habe. Ich bin so gut in Form wie noch nie. Die Mahlzeiten, bestehend aus Spaghetti, Bohnen mit Speck, Sauerkraut und Rindfleisch, sind zwar eintönig, aber sie füllen den Magen. Und zu essen habe ich genug. Am 12. Februar überwindet die Sonne den Torkofel. Ein paar Tage noch, dann wird sie auch über dem Gipfel der Furchetta sein, mit 3025 Metern um einen guten Kopf größer als die Zugspitze. Dann sind die Tage schon fast so lang wie im Sommer. Die Stürme, die hin und wieder die Hütte schütteln, sind für mich längst Gewohntes, nichts zum Fürchten. Ende Februar wird es tatsächlich Winter. Es schneit zwei Tage und Nächte. Der Dachboden ist mit Schnee vollgeblasen, auf dem Weg zur Quelle türmen sich die Wächten fast zwei Meter hoch. Den ganzen Tag bin ich am Schaufeln.

März/April. In der Küche ist das Trinkwasser für den Hund in der Schüssel gefroren. Die Filtertüte von gestern muß ich mit dem Schraubenzieher aus dem Plastikfilter herausbrechen. In der Nacht ist das Thermometer auf minus achtzehn Grad gefallen. Meine Quelle ist eingefroren, der Wasserschlauch von verwehtem Preßschnee gut einen Meter hoch bedeckt. Es regt mich nicht auf. Das Frühjahr ist in Sichtweite, und ein freundlicher Augenaufschlag der Natur genügt, um mich froh zu stimmen: der erste Schmetterling, ein Tagpfauenauge, der Huflattich, der sich durch den Schnee sprengt, die ersten Küchenschellen, die ihre zartvioletten Blüten auf zottig behaarten Stengeln der Sonne entgegenrecken. Um den Stall huscht ein blütenweißes kleines Mauswiesel. Man sagt, wenn man es füttert, würde es zahm. Noch aber sind die Signale des Frühlings nur Irrlichter. Im April legt der Winter noch mal richtig zu und häuft auf den Schnee von gestern noch einen halben Meter. Am Ende meines Jahres werden es mehr als sechs Monate sein, die ich in verschneitem Land verbrachte. Doch ich möchte nicht heim. Zu Hause versäume ich nichts, hier aber fühle ich mich als Teil der Berge. Und denke, *Schnaps* geht es genauso. Ich werde den Steinadler vermissen, die Gemsen und meine Komödianten, die Murmeltiere, und natürlich die Dohlen, die Virtuosen der Lüfte. Zu Hause werde ich vergebens die Stille suchen, diese seidige, unvergleichliche Stille, die das Hören zum Ohrenschmaus macht. Es wird sicher schön sein, ein Konzert zu besuchen. Aber das habe ich auch hier oben, ganzjährig und in frischer Luft. Meine Sänger sind die Dohlen und Steinschmätzer, der Rotschwanz und der Wasserpieper oder der vielstimmige Chor der kleinen Schneefinken, die nur im Schwarm auftreten, wie die »Sängerknaben«. Sie alle sind uneitel und ohne Allüren, nie indisponiert und nicht erpicht auf Applaus. Für eine Handvoll Haferflocken sind sie zu hundertfachen Zugaben bereit.

Mai. Meine Nachbarn, die Berge, sind auch des Winters überdrüssig, Stück um Stück streifen sie das Weiße ab. Die Sonne hilft ihnen beim Ausziehen und löst die Lawinen, die wie Wildbäche von Felsrändern und steilen Flanken durch enge Schluchten und Spalten in die Tiefe stürzen, knatternd und krachend wie splitterndes Holz. Auf dem flachen, unteren Teil schieben sich die herabgleitenden Schneemassen übereinander. Sie werden langsam, bis sie reglos an der Schräge kleben wie Griesbrei an einem Lätzchen.

Am 19. Mai 1990 ist unser Jahr zu Ende. Als unsere Brunecker Schutzengel zum »Almabtrieb« kommen, rennt ihnen *Schnaps* bis zur unteren Almhütte entgegen. Und ich bin mir sicher, daß es auch für ihn ein ganz besonderes Jahr war. Auf einem Heuschlitten transportieren meine Freunde von der Bergrettung meine große blaue Blechkiste, den Werkzeugkasten, Alukoffer und den Seesack über braune Almwiesen ins Tal. Wir werfen noch einen letzten Blick hinauf zur Furcia. Die grünen, verwaschenen Fensterläden sehen aus wie schlafende Augen. Bald werden sie wieder staunen. Wenn wir zurückkommen.

Und so endet die Geschichte, wie ich sie als »Ein Eremit auf Probe« für GEO aufgeschrieben habe.

HEIMKEHR IN DIE FREMDE

Die Rückkehr nach Reinthal war wie eine Heimkehr in die Fremde. Mein Bruder Wolfgang hatte mich und *Schnaps* mit einem Kleintransporter in Südtirol abgeholt und war, gleich nachdem er uns samt Gepäck abgeladen hatte, ins Allgäu weitergefahren. Nun saß ich in der Stube auf der blauen Blechkiste und fühlte mich so leer und elend, wie ich mich während des gesamten Jahres auf der Furcia nicht gefühlt hatte. Abgesehen davon, daß die beiden Untermieter, denen ich den Hof überlassen hatte, wie die Schweine gehaust hatten, überkamen mich erhebliche Zweifel, ob dies wirklich der Platz war, den ich früher so gerne gemocht hatte. *Schnaps* schien es ähnlich zu ergehen. Während ich dasaß, den Kopf in die Hände gestützt, hockte er vor mir und stubste mir unentwegt seine feuchte Nase ans Bein, als wollte er sagen: »Komm, laß uns wieder abhauen. Unser Platz ist woanders«. So wie die Dinge im Moment lagen, hatte er sicher recht.

Auch während der nächsten Tage änderte sich an meinem Unbehagen nichts. Meine Ohren waren Sensoren, die Alarm schlugen, wenn sie Ungewohntes wahrnahmen: das Knattern eines Mopeds oder das Bullern der Traktoren. Am schlimmsten aber war das Brüllen der Bundeswehr-Tiefflieger, die auch den letzten Rest von Ruhe noch in Stücke rissen. Auch *Schnaps* hatte Probleme mit der veränderten Situation. Wenn ein Auto die

Dorfstraße passierte, rannte er ins Haus und verkroch sich unter der Ofenbank. Nach einigen Tagen der Gewöhnung besann er sich sich wieder einer Unart aus früheren Zeiten: Er hockte vor dem Haus und bellte, oft zehn Minuten am Stück, pausierte kurz und bellte wieder. Ein Zustand, der nervte und der schon Kurt Tucholsky zu dem bissigen Traktat veranlaßt hatte: »... Ein Hund bellt immer. Er bellt, wenn jemand kommt, sowie auch, wenn jemand geht – er bellt zwischendurch, und wenn er keinen Anlaß hat, erbellt er sich einen. Er hört auch so bald nicht wieder auf, ja, es scheint, als besäßen die Hunde eine Bellblase, die man nur anzustechen braucht, damit sie sich entleere. Ein besserer Hund bellt seine vier, fünf Stunden täglich ...«

So gesehen durfte sich *Schnaps* derzeit durchaus zu den »besseren« Hunden zählen. Das Ehepaar K., das jetzt im Mai jenseits des trennenden Strauchwerks wie wild schrebergärtnerte, warf ab und zu giftige Blicke herüber und vermutlich wünschte es den Hund (und mich dazu) auf den höchsten Berg des Alpenhauptkamms, eingedenk der wohltuenden Lücke, die wir während der vergangenen zwölf Monate in seinem Landleben hinterlassen hatten. Obwohl mir Herr und Frau K. nie etwas zuleide getan hatten, ging mir allein die Tatsache, daß es sie gab, so profund auf die Nerven, daß ich mich bereits ernsthaft mit dem Gedanken befaßte, den noch einsehbaren Teil ihres Gärtchens entlang meiner Grundstücksgrenze mit einer mindestens zwei Meter hohen Hecke zu bepflanzen. Das Jahr auf dem Berg zeigte eine bedrohliche Wirkung.

Tina, die Münsterländer-Dame vom Bauern Baron, geriet außer sich, als *Schnaps* wieder da war. Sie tänzelte um ihn herum, zwickte ihn ins Ohr, besprang ihn von vorne und hinten und geriet in fassungslose Hysterie, weil sich der sture Bock nicht einmal andeutungsweise beeindrucken ließ. (Ähnlich erging es übrigens einer langjährigen Freundin, die unbedingt eine Nacht mit mir verbringen wollte.)

Binnen der ersten zwei Wochen war ein neuer Plan geschmiedet. Ich wollte wieder auf die Medalges-Alm. Auf der Furcia lagerten noch Lebensmittel für mindestens ein halbes Jahr, dazu Brennholz in Massen, in den Bergen kündigte sich allmählich der Sommer an, und bis zum Einbruch des Winters im November hätten ich und *Schnaps* noch eine phantastische Zeit vor uns. Mit meinen Ersparnissen würde ich einigermaßen hinkommen, zudem stand das Honorar von GEO noch aus, und ein paar Mark an Außenständen galt es noch rasch einzutreiben. Außerdem: Hier unten versäumte ich nichts, auf dem Berg aber eine ganze Menge. Da war ich mir sicher.

Bereits nach drei Wochen befand ich mich mit *Schnaps* wieder auf dem Weg nach Südtirol. Zunächst, so war es geplant, wollte ich nur ein paar Tage auf der Furcia bleiben, eine kurze Bestandsaufnahme von Lebensmitteln und unbedingt Notwendigem machen und ein paar unumgängliche Reparaturen an der Quellfassung und der Toilette erledigen. Wir blieben eine Woche auf der Hütte, und es war, als wäre ich zum vertrautesten Platz der Welt zurückgekehrt. *Schnaps* lag tagsüber auf seinem Aussichtshügel, der ihm einen weiten Blick bis nach Funtanacia und hinab zur Forststraße gestattete. So wie es aussah, galt es nur noch, zu Hause ein paar Dinge zu erledigen, meinen »persönlichen Berater« bei der Bank zu besänftigen, dem Finanzamt einen netten Brief zu schreiben, um dann für die nächsten Monate auf die Medalges zurückzukehren.

Und dann kam alles doch ganz anders. Da es vor allem galt, meine Reisekasse noch etwas zu polstern, hatte ich mich mit Rudolf verabredet, Kunstmaler im Chiemgau und Hansdampf in allen Gassen. Um seine guten Kontakte zu Sammlern und Liebhabern alter Bücher und Schriften wissend, hatte ich ihm vor Beginn meines Bergabenteuers zwei antiquarische Prachtbände des Neuen Testaments anvertraut, mit der Bitte, einen willigen und würdigen Käufer zu suchen. Rudolf war fündig geworden, und der Erlös war weit ergiebiger, als ich erwartet hatte. Die Geldübergabe sollte in Aschau erfolgen, einem idyllisch gelegenen Ferienort am Fuße der Kampenwand, dominiert vom imposanten Schloß Hohenaschau und Zuflucht einiger Prominenter, etlicher wohlhabender Zugereister und eines Zwei-Sterne-Kochs, die es zu verantworten haben, daß der Name »Aschau« in den Klatschspalten überregionaler Zeitungen und Illustrierten gedruckt wird.

Also fuhr ich nach Aschau, etwa eine halbe Autobahnstunde von Reinthal entfernt. Ich war mit Rudolf auf dem Gelände der »Festhalle«, am Fuße des Schlosses, verabredet. Als ich das von einer Mauer umgürtete Areal betrat, kamen erhebliche Zweifel in mir auf, ob es sinnvoll war, ausgerechnet diesen Platz als Treffpunkt für die »Geldübergabe« zu wählen. Anläßlich einer Wohltätigkeitsveranstaltung drängte sich halb Aschau an langen Biertischen, und in vorderster Front wütete eine Blaskapelle, die ihre fetzigen Weisen zudem durch riesige Lautsprecher jagte. In meinen vom Lärm entwöhnten Gehörgängen brach die Hölle los. Eine derart gewaltige Ansammlung von bierseligen Menschen war schon schlimm genug, von der akustischen Tortur indes wurde mir ganz schlecht. Da ich Rudolf nicht entdecken konnte, entschloß ich mich, unverrichteterdinge wieder den Rückzug anzutreten. Plötzlich wuchs aus den lärmenden Menschen ein filigranes Persönchen hervor, eine schlanke, zierliche Frau, die mir fremd war, wie alle, die sich lauthals an den Tischen vergnügten. Sie trat auf mich zu, sprach mich mit meinem Namen an und gab sich als Andrea, Rudolfs Frau, zu erkennen.

»Setzen Sie sich doch einen Moment zu uns. Rudi kommt gleich. Er hat das Geld«, flötete sie.

Was sollte ich tun? Ich brauchte das Geld, und ein paar Minuten, von Menschen und Blasmusik umzingelt, würden mich nicht umbringen. Ich setzte mich an einen langen Tisch, Andrea stellte mir ein paar Leute vor, die sich die beiden Bänke teilten. Der Tisch stand in vorderster Front, kaum drei Meter von den beiden gewaltigen Lautsprechern entfernt, aus denen sich in diesem Moment ein tosender Schwall Marschmusik über mich ergoß. Verzweifelt hielt ich nach Rudolf Ausschau. Eine Dame neben mir, die ich nur aus den Augenwinkeln wahrnahm, versuchte mein eisernes Schweigen zu knacken.

»Sie sind also der Mann vom Berg«, sagte sie und mußte dabei sehr laut reden, um sich verständlich zu machen. Ich sah sie kurz an, meilenweit davon entfernt, mich auf ein Gespräch einzulassen. Sie mochte Anfang Vierzig sein, hatte ein feines, etwas blasses Gesicht und müde, aber lustige Augen. Und braune Haare hatte sie. Mehr nahm ich nicht wahr. Um ihre Frage zu beantworten, beschränkte ich mich auf das Nötigste: »Ja. Der bin ich.«

Endlich kam Rudolf. Er gab mir das Geld, ich verabschiedete mich knapp und mürrisch und verließ eilig die lärmende Gesellschaft. Obwohl ich bei der Dame an meiner Seite sicher den denkbar schlechtesten Eindruck hinterlassen hatte, so schien er doch nachhaltig gewesen zu sein. Zumindest hatte ich ihre Neugierde entfacht, und heute ist es unerheblich, ob sie nur mehr über mein Jahr auf dem Berg erfahren wollte (wie sie später behauptete) oder ob das ganz persönliche Interesse an mir überwog (was, bei aller Bescheidenheit, der wahre Grund gewesen sein dürfte). Jedenfalls arrangierte Rudolf, der wohlmeinende »Kuppler«, ein neuerliches Treffen, dabei erfuhr ich, daß sie Margarethe heißt, seit ihrer Kindheit »Bebs« genannt wird, daß sie in Scheidung lebt und zwei Kinder hat. Und nach unserem zweiten Treffen empfand ich es als überaus aufregend, der Faszination, die von ihr ausging, auf den Grund zu gehen. (Es hat sich gelohnt. Seit fast acht Jahren »haben wir ein Verhältnis«, und seit eineinhalb Jahren leben wir sogar gemeinsam unter einem Dach. Ein Abenteuer, das ich bislang noch nie gewagt hatte und das nicht weniger spannend ist, als ein Jahr alleine in den Dolomiten zu verbringen.)

Da sich unsere Beziehung in Windeseile entwickelte, wurde

der Raum für meine euphorischen Zukunftspläne immer enger. Das Jahr auf dem Berg hallte zwar immer noch nach, doch begnügte ich mich damit, künftig nur noch eine oder höchstens zwei Wochen auf der Furcia zu verbringen. Vor allem wollte ich Margarethe endlich den Platz zeigen, der für mich von so großer Bedeutung war. Im August – wir kannten uns gerade mal zwei Monate – machten wir uns auf den Weg nach Südtirol. *Schnaps* war natürlich dabei, und unser extrem gemächlicher Aufstieg dauerte fast drei Stunden. *Schnaps* rannte voraus und lag längst auf seinem Aussichtshügel, während wir noch bergan keuchten. Es war ein Tag wie Gold, nahezu wolkenlos, und meine Nachbarn gegenüber, die Berge der Puez-Gruppe, zeigten sich von ihrer besten Seite. Die Hütte war aufgeräumt, und in Erwartung einer begeisterten Reaktion zeigte ich Margarethe die Räumlichkeiten. Den Glanzpunkt hochalpiner Architektur hatte ich mir für den Schluß unseres Rundgangs aufgespart: die Toilette. Ein morscher Bretterverschlag, der mehr an dem Stall lehnte, als daß er aus eigener Kraft zu stehen vermocht hätte, zu schließen durch eine Tür, die schief in den Angeln hing und deutliche Lücken zeigte. War sie beim Rundgang durch die Hütte noch durchaus von der zweckmäßigen Schlichtheit angetan gewesen, so hüllte sich Margarethe beim Anblick der »Notdurftzentrale« in bedrücktes Schweigen. Das Klo widersprach kraß ihrem gewohnten Standard, aber sie beklagte sich nicht.

Wir unternahmen eine kurze Wanderung zum Sobutsch, *Schnaps* jagte, wie früher schon, erfolglos den tief fliegenden Dohlen hinterher und befriedigte seinen Jagdtrieb schließlich mit der Hatz auf Mäuse, die er, wie bereits an anderer Stelle beschrieben, entweder aus ihrem Bau »saugte« oder einfach ausbaggerte. Gegen Abend bereiteten wir uns eine Marende mit Speck, Käse, hartem Brot und Wein. Margarethe war äußerst wortkarg, doch meinen laut geäußerten Verdacht, daß sie sich in der ungewohnten Umgebung, bar jeglichen Komforts, vielleicht unwohl fühle, wollte sie nicht bestätigen.

»Ich brauche einfach etwas Zeit, um mich daran zu gewöhnen. Auch an dich«, sagte sie.

Wir gingen früh zu Bett, *Schnaps* kringelte sich auf seinen Stammplatz in der Stubenecke und schnarchte bald wie ein Mensch. Weit vor Mitternacht begann Margarethe in der Stube auf und ab zu laufen, legte sich wieder in ihr Bett und wand sich plötzlich in Krämpfen. Ihr leises Klagen schwoll an zu einem Stöhnen und gipfelte in kurzen schmerzerfüllten Schreien. Ich war ratlos. Sie vermutete eine Darmkolik. Die Schmerzen wurden schlimmer. Ich verabreichte ihr heiße Umschläge, dann kalte. Margarethe stöhnte, und die wie in Schüben anrollenden Schmerzen trieben ihr die Tränen ins Gesicht. Ich war absolut ratlos. In meiner Hilflosigkeit flüchtete ich mich in Sarkasmus, um die trostlose Stimmung etwas zu erhellen:

»Jetzt weißt du, warum ich alleine auf den Berg bin. Da braucht man sich nur um sich selbst zu sorgen und nicht auch noch um die Krämpfe der andern.«

Margarethe ging es viel zu schlecht, um eine Reaktion zu zeigen. Sie lag auf dem Bett und wimmerte. Ich mußte etwas unternehmen. Noch vor Sonnenaufgang stieg ich über die Almwiesen ab nach Funtanacia und von da aus weiter über die Forststraße zum Parkplatz. Ich lief so schnell ich konnte und brauchte für den Weg nicht mal eine Stunde. *Schnaps* war auf der Furcia geblieben. Seine Gegenwart würde Margarethe das Warten ein bißchen leichter machen. Und *Schnaps* war gut zu haben, wenn es jemandem schlecht ging.

Auf verbotenen Wegen, zunächst auf der für den öffentlichen Verkehr gesperrten Forststraße und weiter über einen steilen, vom Morgennebel glitschigen Almweg, durfte sich mein fast nagelneuer Allrad-Subaru erstmals bewähren. Kalter Schweiß rann mir über Stirn und Nacken. Ab und zu rutschte der Wagen seitlich weg, daß ich fürchten mußte, den Abhang hinabzustürzen. Aber plötzlich bissen sich die Räder wieder fest, und wie an einer Schnur gezogen rackerte der Wagen hinauf bis zu Claras

Hütte, die normalerweise nur zu Fuß oder mit allradgetriebenen Bergbauerntraktoren zu erreichen ist. Von Claras Hütte waren es noch etwa zehn Minuten steilen Aufstiegs bis zur Furcia. Schweißgebadet erreichte ich die Hütte. Margarethes Zustand hatte sich weiter verschlechtert. Nur unter größten Schmerzen gelang es ihr, aufrecht zu stehen. Ich packte eilig die beiden Rucksäcke, hängte sie mir über Brust und Rücken, löschte die Kerzen und verschloß die Hütte.

Überm Sobutsch kündigte sich in einem fahlen Violett der kommende Morgen an. Einen Arm über meine Schulter gelegt, in der rechten Hand meinen Bergstock, quälte sich Margarethe hinab bis zu meinem Auto. Mit ihr auf dem Beifahrersitz und *Schnaps* im Hundeabteil, steuerte ich den Weg zurück über den Almweg und die Forststraße nach Campill, weiter nach Bruneck ins nächstgelegene Krankenhaus. Nach einer guten halben Stunde waren wir da. Der diensthabende Arzt hätte Margarethe am liebsten gleich dabehalten – wegen des Verdachts auf Darmverschluß. Doch trotz der schlimmen Diagnose wollte sie nach Hause. Auf eigene Verantwortung und mit einem schmerzstillenden Mittel versorgt, wurde sie entlassen. Drei Stunden später lieferte ich Margarethe im Krankenhaus in Rosenheim ab. Nach einer Woche war sie ohne Schmerzen. Das Merkwürdige: Die Ärzte hatten nichts finden können, so daß der Verdacht blieb, daß alles auf eine psychosomatische Störung zurückzuführen war. Mit anderen Worten: Den Platz in den Bergen, der mir so sehr ans Herz gewachsen war, hatte Margarethe, ohne daß es ihr richtig bewußt geworden wäre, als beklemmend, ja bedrohlich empfunden. (Im Jahr darauf waren wir noch mal gemeinsam mit *Schnaps* auf der Medalges-Alm. Wir erlebten ein paar wunderschöne, von keinerlei gesundheitlichen Problemen getrübte Tage.)

Durch die enge Freundschaft mit Margarethe war unser Leben nun von einem neuen Takt bestimmt. *Schnaps* und ich hatten ein zweites Zuhause, und mehrmals die Woche fuhren wir am Abend nach Aschau oder verbrachten die Wochenenden mit Margarethe und ihren Kindern Anna und Philipp. Ganz im Gegensatz zu mir, der ich gelegentlich doch heftig unter der »Überpräsenz« von Annas Freunden in dem idyllischen Häuschen am Fuße der Kampenwand litt, fand es *Schnaps* auf seine alten Tage sehr aufregend, in Annas Zimmer den düsteren, von Räucherstäbchen und Zigarettenqualm vernebelten Sit-ins der Punkertruppe beizuwohnen. Er war eben ein »Menschenhund«, und die Gesellschaft von aufmüpfigen, ungewaschenen, buntgefärbten, pickeligen, mit Ketten, Ohr- und Nasenringen behangenen Müßiggängern empfand er als durchaus angenehm. Anna, gerade mal sechzehn und Gymnasiastin, mit der Tendenz, die Schule zu schmeißen, weil es zum guten Ton gehörte, alles »ätzend« zu finden, sah sich in ihrem ausgeprägten sozialen Verantwortungsbewußtsein und einem fast fanatisch zu nennenden Gerechtigkeitssinn als Notanker der schlappen Truppe. Sie bot ihnen Nachtquartier, das längst überfällige Bad, und Margarethe, ihre Mutter, gleichfalls großherzig und tolerant, verköstigte die Heimatlosen. Gelegentlich wähnte ich mich im Hauptquartier der *Florence Nightingale*, umzingelt von Gutmenschen, die argwöhnisch meine Launen sondierten und einfach nicht verstehen wollten, wie man dauerhaft so unfreundlich und mürrisch sein konnte. Dann dachte ich an meinen alten Hof in Reinthal, an die Ruhe und die menschenleeren Räume, und wenn der Kragen bereits am Platzen war, setzte ich mich ins Auto und fuhr nach Hause. Zu dieser Zeit hegte ich ernsthafte Zweifel, ob ich unter diesen widrigen Bedingungen zu einer dauerhaften Beziehung überhaupt in der Lage wäre. Da war die Ratte im Haus eigentlich nur noch von marginaler Bedeutung, obgleich ich es ekelhaft fand, wenn der weiße, gefleckte Nager mit dem rosa Nacktschwanz auf Annas Schulter mümmelte oder in den verpinkelten Tiefen ihres labberigen Pullovers auf Tour ging. *Schnaps* hatte längst ein begieriges Auge auf *Tequila* – so der Name der Ratte – geworfen. Aber alles Daumendrücken half nichts. *Schnaps* schaffte es nicht, ihrer habhaft zu werden. Irgendwann starb sie dann an einem Herzschlag.

Abgesehen davon, daß ich Margarethe sehr liebte, so war – zumindest für mich – der praktische Aspekt unserer Beziehung nicht zu leugnen. Seit Lukes Tod war es kompliziert, für *Schnaps* einen guten Platz oder eine Aufsichtsperson zu finden, wenn ich verreisen mußte. Dieses Problem war gelöst. *Schnaps* verbrachte die Zeit meiner Abwesenheit in besten Händen, nämlich in Aschau, bei Margarethe, Anna und Philipp. Wobei Philipp, zwei Jahre älter als seine Schwester, mit Tieren nicht allzuviel anzufangen vermochte. Seine Sympathie für *Schnaps* reduzierte sich somit darauf, daß er seine Anwesenheit stumm akzeptierte.

Anna, unentwegt von dem Verlangen getrieben, hilfsbedürftigen Lebewesen vermeintlich Gutes zu tun, beschaffte unmittelbar nach dem Ableben ihrer Ratte *Tequila* Ersatz. Anläßlich einer Reise nach Budapest entdeckte sie im Verkehrsgewühl ein kleines, schwarzes, offenbar herrenloses Kätzchen, das sich verängstigt unter ein Auto geflüchtet hatte. Von Mitleid für die arme Kreatur übermannt, ungetrübt von jeglichem Zweifel am Sinn und den Folgen ihrer Rettungsaktion, steckte sie das Tier unter ihre Jacke und gab ihm in Aschau eine neue Heimstatt. Margarethe, ähnlich zart besaitet wie ihre Tochter, akzeptierte das Mitbringsel klaglos; nur ich murrte, weil ich Katzen nicht besonders mochte, andererseits jedoch davon ausging, daß *Schnaps* das Problem binnen der nächsten Tage lösen würde. Denn obwohl in die Jahre gekommen, haßte er Katzen wie in besten Zeiten. Sie war eine Kätzin und wurde von Anna, weil in Ungarn gebürtig, mit dem Namen *Attila* benannt. **Die** *Attila!* In diesem Haus schreckte man wahrlich vor nichts zurück.

Ein Feindbild verblasst

Als *Schnaps* im Hausgang der kleinen Katze zum erstenmal ansichtig wurde, fehlten nur noch Millimeter bis zum Jenseits. Im allerletzten Moment war es *Attila* gelungen, vor den Riesentatzen des Hundes unter einen Schrank zu flüchten. Da saß sie, klein und zitternd an die Wand gepreßt, während *Schnaps* seine Schnauze, soweit es eben ging, unter den Schrank schob und gierig den Duft des mutmaßlichen Opfers in sich aufsog. Von Mitleid berührt, expedierte ich den Hund, am Halsband ziehend, in den Garten. Es dauerte fast eine Stunde, bis sich die kleine, wie Espenlaub zitternde Katze aus ihrem Versteck hervorwagte. Doch wenige Tage danach geschah Überraschendes: *Attila* schnupperte an *Schnaps'* Freßnapf, während der Hund groß und mächtig daneben stand und mit schiefem Kopf das kleine Ding beäugte. Dann stupste er die kleine Katze ganz behutsam mit seiner Schnauze an und legte sich flach neben sie, den Kopf zwischen den beiden ausgestreckten Vorderbeinen. *Attila* umkreiste den weißen Riesen ein paarmal und begann dann, mit seiner buschigen Rute zu spielen. Es war zwar nicht der Anfang einer dicken Freundschaft, aber doch der Beginn einer »Wohngemeinschaft«, in der jeder dem jeweils anderen wohlgesonnen war und ihn akzeptierte. *Schnaps'* Toleranz ging letztlich so weit, daß er *Attila* gestattete, mit ihm gemeinsam auf seiner Decke zu schlafen. Als *Attila* ein Jahr später zwei Junge bekam, von denen allerdings nur eines überlebte, hatte *Schnaps* keinerlei Probleme, den Familienzuwachs zu akzeptieren. *Goliath*, wie der kleine, gefleckte Kerl von Anna benannt wurde, genoß von Anfang an das Wohlwollen des Hundes und durfte sich, wie seine Mutter, in Aschau und in Reinthal heimisch und sicher fühlen. (Aus bis heute unerfindlichen Gründen dauerte es fast ein halbes Jahr, bis irgend jemand feststellte, daß auch *Goliath* eine Kätzin war.)

Schnaps war jetzt fast dreizehn Jahre alt, und der »Altersschub«, dem er während der vergangenen Monate anheimfiel, war unübersehbar. Seine Hörfähigkeit ließ ganz erheblich nach, ein Gebrechen, das nicht so sehr ins Gewicht fiel, da es mit seiner »Hörwilligkeit« zeitlebens auch nicht zum besten gestanden hatte. Viel mehr Sorgen bereiteten mir die Probleme, die von den Hüftgelenken ausgingen. Manchmal gelang es ihm nur unter größten Mühen und, wie zu befürchten war, mit Schmerzen, aufzustehen. Und eines Tages lag er im Gras des Aschauer Gartens und bot ein Bild des Jammers. Zwar gelang es ihm, sich auf die Vorderbeine zu stützen, doch die Hinterläufe gehorchten nicht mehr. Es war, als wären sie ohne jegliche Kraft, abgestorben, tot. *Schnaps* blickte mich an mit zwei braunen, traurigen Fragezeichen, als wollte er sagen: »Sei mal ehrlich. Das wird nichts mehr. Oder?« Ich hätte glatt losheulen können, so elend war mir zumute. Margarethe stand da wie erstarrt und kämpfte mit den Tränen. Wir packten *Schnaps* in seine Decke und legten ihn ins Auto. Dann fuhr ich mit ihm nach Prien zum Tierarzt.

Als er *Schnaps* untersuchte, seine Hüftgelenke abtastete, versuchte ich in seinem Gesicht, seinem Mienenspiel wenigstens einen Anhaltspunkt für die zu erwartende Diagnose zu entdecken. *Schnaps* lag reglos auf dem Tisch und atmete schwer. Aber das tat er immer, wenn er beim Tierarzt war. Seit seiner Kastration, die ihn beinahe das Leben gekostet hätte, war das so. Er haßte Tierärzte, und ich konnte es ihm gut nachfühlen. Doch dieser Doktor stand in bestem Ruf, er kannte *Schnaps*, und nun, da er die kritischen Stellen untersucht hatte, atmete er erleichtert auf und sagte:

»Das kriegen wir schon wieder hin. Ist nur eine Entzündung der Hüftgelenke. Er bekommt jetzt eine Spritze, und in drei, vier Stunden ist er fast wie neu.«

Der Arzt hatte recht. Es waren noch keine vier Stunden vergangen, als sich *Schnaps* im Aschauer Garten aufrappelte und eine kleine Runde auf der gegenüberliegenden großen Wiese drehte. Auch die nächsten Wochen, die wir hauptsächlich in Reinthal verbrachten, weil Margarethe das alte Haus so sehr mochte, ging es *Schnaps* ganz passabel. Vor ein paar Tagen war seine Freundin *Tina* gestorben, doch hielt sich seine Trauer in Grenzen. *Schnaps* war mittlerweile ein Greis, der seinen Kredit an Leben schon weit überzogen hatte. Zehn Jahre gaben Experten normalerweise dem *Pastore Maremmano*, im besten Falle elf. *Schnaps* war fast vierzehn, ein begnadetes Alter. Ab und zu, wenn er vor dem Haus im Gras lag, betrachtete ich ihn vom Fenster meines Arbeitszimmers aus und stellte mir vor, wie es eines Tages ohne ihn sein würde. Ich mochte gar nicht daran denken ...

Während der vergangenen Monate war er noch anhänglicher geworden. Und eines Abends, als ich bereits im Bett lag, hörte ich, wie sich *Schnaps* auf der steilen, hölzernen Treppe nach oben plagte. Schon vor Wochen hatte er derlei Versuche resigniert eingestellt. Ich knipste im Gang das Licht an. *Schnaps* hatte etwa die Hälfte der Stufen geschafft. Nun lag er völlig erschöpft und am ganzen Körper zitternd, leise winselnd und mit allen vieren Halt suchend auf der Treppe, unfähig, das letzte Stück nach oben zu klettern, aber auch außerstande, den Rückzug anzutreten. Ich stieg zu ihm hinab, umfaßte den Fünfzig-Kilo-Klotz mit beiden Armen und leistete ihm Hilfestellung auf dem Weg nach unten. Und da ich wußte, daß er, wie in alten Zeiten, die Nacht auf dem flauschigen Teppich in meinem Schlafzimmer verbringen wollte, wies ich ihm den »Senioren-Weg«: ums Haus, über die Tennenauffahrt in die Tenne, von wo aus das obere Stockwerk ebenerdig, ohne mühsames Treppensteigen, zu erreichen war. Er verbog sich neben meinem Bett zu einem großen, weißen Kringel und begann bald gleichmäßig zu schnarchen. Jetzt war für ihn die Welt wieder in Ordnung.

Ganz allmählich befaßte ich mich mit dem Gedanken, mit Margarethe – mittelfristig gesehen – unter einem Dach zu leben. Mein gemietetes Bauernhaus in Reinthal kam dafür nicht in Frage, da es dringend der Renovierung bedurft hätte. Eine Investition, die nicht lohnte, da mein Vermieter, selbst mit einer Nutzung des elterlichen Hofs liebäugelte. Nach Aschau, in Margarethes Haus zu übersiedeln stand überhaupt nicht zur Diskussion, da es als dauernde Bleibe zu beengt war und ich mir zudem nicht vorstellen konnte, in Aschau zu leben. Es gibt Orte, die man auf Anhieb nicht mag, ohne einer plausiblen Erklärung fähig zu sein, einfach so. Und andererseits gibt es wiederum Plätze, in die man sich Hals über Kopf verliebt, und man weiß genau, weshalb. Mit der Medalges war es mir so ergangen. Und nun, im Sommer 1996, wiederholte sich dieses Erlebnis. Wir entdeckten ein Haus, das seit dreißig Jahren an eine mittlerweile alte Dame vermietet war und nun frei wurde. Per Zufall hatten wir davon erfahren. Ein Haus im Chiemgau, auf einem Hügel in einem Weiler gelegen, am Ende einer Straße. Umgeben von Wiesen und Wäldern, die wie Scherenschnitte in Terrassen übereinanderwuchsen. Als ich das erstemal mit Margarethe da war, konnte ich mich gar nicht sattsehen. Die Chiemgauer Berge in einem gewaltigen Bogen über das Inntal bis zum Wendelstein und noch weiter sich spannend, in angemessenem Abstand zum Wohnort, so daß sie nah sind und mächtig, ohne einen zu erdrücken. Und den ganzen Tag – so sie denn scheint – Sonne! Das war unser Platz!

Die Entscheidung fiel binnen zwei Wochen. Die Bauern, denen das Haus gehört, akzeptierten uns als Mieter, für meinen alten Hof in Reinthal fand ich innerhalb einer Woche ein junges Ehepaar, das sich glücklich schätzte, in das betagte Gebäude einziehen zu dürfen, und Margrethe vermietete ihr Aschauer Haus zu ihrer und eines Ärzte-Ehepaars Zufriedenheit.

So mußte *Schnaps* auf seine alten Tage noch mal umziehen. Es schien ihm zu gefallen, auf der Terrasse zu liegen, wenn die Sommersonne allmählich nach Westen wanderte und die Hitze des Tages einer angenehmen Wärme wich. Er ging nur noch kurze Wege, weil es mit den alten Knochen doch immer schlimmer wurde. Und ab und zu, wenn er sich seiner einstmals volltönenden, tiefen Stimme besann, bellte er, inzwischen ohne Kraft und heiser, von Mal zu Mal eine Spur leiser. Er atmete schwer. Und sosehr er sich mühte, mir zu folgen, wenn ich auf kurzen Spaziergängen die noch unbekannte Gegend erkundete, so blieb er nach wenigen Schritten röchelnd stehen und legte sich erschöpft ins Gras. Von Zeit zu Zeit schaute der Tierarzt bei uns vorbei, setzte *Schnaps* das Stethoskop an die Brust und lauschte dem Schlag seines alten Herzens. Dann ermunterte er uns mit der guten Nachricht, daß das Herz völlig in Ordnung sei, natürlich nicht mehr taufrisch, aber immerhin ... Er bekam Vitaminspritzen und Aufbaupräparate für die Knochen, und dann kam es durchaus vor, daß *Schnaps* ganz plötzlich, wie einem Jungbrunnen entstiegen, über die Wiese hetzte, sich auf den Rücken legte und äußert vergnügt im Gras wälzte. Aber das waren nur Strohfeuer, die schnell wieder erloschen.

Am Abend des 5. April 1997 war ich mit meinen Freunden Matt und Heinz verabredet. Wir hatten uns seit meinem Umzug in den Chiemgau vor fast acht Monaten erst einmal gesehen und fanden es an der Zeit, alte, liebgewonnene Traditionen wieder zum Leben zu erwecken. Wir veranstalteten einen Zug durch mehrere Gasthäuser in Kleinpienzenau, Valley und Fendbach. Kurz nach 23 Uhr machte ich mich auf den Heimweg und war eine Viertelstunde vor Mitternacht zu Hause. Ich stieg aus dem Auto und starrte noch ein paar Minuten lang in den sternenübersäten Himmel. Im Nordwesten war in seltener Klarheit der Schweif des Kometen »Hale Bob« zu sehen. Die Haustür wurde geöffnet, und Margarethe sagte mit leiser, tränenerstickter Stimme:

»*Schnaps* ist auf den Regenbogen gegangen. Vor einer halben Stunde.«

Mein erster Gedanke war: Wieso bin ich nie da, wenn in meiner Familie jemand stirbt? Als meine Mutter starb, war ich auf der Medalges. Jetzt stirbt mein Hund, und ich bin im Wirtshaus. Ich ging ins Wohnzimmer. *Schnaps* lag auf dem großen Teppich, den Kopf auf die Vorderbeine gelegt, die Augen geschlossen. Ich kniete zu ihm nieder. Er war noch warm, und sein Kopf ließ sich mühelos bewegen.

»Er schläft«, sagte ich, »er ist nicht tot. Er schläft nur.«

Wie oft während der vergangenen Monate hatte ich versucht, mir diesen Augenblick vorzustellen. Wie viele Varianten hatte ich mir zurechtgelegt, um im Ernstfall gewappnet zu sein. Vielleicht müßte ich ihn einschläfern lassen, oder es ginge zu Hause mit ihm zu Ende. In beiden Fällen würde er friedlich in meinen Armen sterben. Und nun war es doch ganz anders gekommen. Ich saß auf dem Teppich und kraulte sein dichtes, blütenweißes Nackenfell und berührte mit meiner Stirn die seine. Und da fiel mir wieder auf, daß *Schnaps* gut roch. Er hatte immer gut gerochen, nicht streng und muffig, wie Hunde normalerweise riechen. *Schnaps* war eben schon immer ein ganz besonderer Hund gewesen. Während ich seinen Nackenpelz kraulte, erzählte mir Margarethe, was geschehen war.

Wie jeden Abend war *Schnaps* in der Wiese gelegen und hatte, wie Margarethe meinte, »Hale Bob« beobachtet und die Sterne. Als sie ihn gegen 22 Uhr ins Haus holen wollte, war *Schnaps* nicht mehr aus eigener Kraft in der Lage gewesen aufzustehen. Alleine konnte sie ihn nicht tragen, also holte sie Ulrich, unseren Nachbarn und Vermieter. Gemeinsam trugen sie ihn ins Wohnzimmer. Eine Viertelstunde später kam der Tierarzt und gab ihm eine kreislaufstärkende Spritze. Doch viel Hoffnung hatte der Arzt nicht, vermutete als Ursache eine innere Blutung. Margarethe wickelte *Schnaps* in eine Decke, da er sehr fror.

»Er wollte noch nicht sterben. Eine Stunde lang blickte er immer wieder zur Tür. Ich glaube, er hat auf dich gewartet.« Margarethe weinte. »Und ganz plötzlich hat er nicht mehr geatmet. Er ist einfach eingeschlafen.« In drei Monaten wäre er fünfzehn Jahre alt geworden.

Am nächsten Morgen habe ich *Schnaps* begraben. Er hat einen guten, mit Bäumen licht bewachsenen Platz bekommen, mit Blick auf die Berge. Ich legte ihm sein Halsband um und wickelte ihn in eine Decke. Und weil es ein sehr langer Weg ist über den Regenbogen, habe ich ihm noch ein paar Leckereien mit ins Grab gelegt. Für alle Fälle ...

In den folgenden Monaten besuchte ich *Schnaps* fast täglich. Er fehlte mir an allen Ecken und Enden, und das Haus kam mir nun viel größer vor und leerer.

Gelegentlich tröstete ich mich damit, daß er vielleicht mit *Hasso* und *Tina* über ein große, blumenübersäte Wiese tobt, ermuntert von seinem Freund Luke, bei dem er in guten Händen ist.

Nie mehr wollte ich einen Hund haben. Eine Epoche war beendet, und eine ähnliche würde es nicht geben. Und ich gestehe, daß ich es irgendwann als ganz angenehm empfand, nicht mehr »angehängt« zu sein. Außerdem müßte sich jeder andere Hund an *Schnaps* messen lassen. Und diesem Vergleich würde wohl keiner standhalten. Vier Monate nach *Schnaps'* Tod bekam Anna Besuch von einem Freund. Er hieß Felix, studierte in München und hatte einen Hund bei sich mit Namen *Romeo*. Der war noch nicht einmal ein Jahr alt, ein großer, lustiger und anhänglicher Bernhardiner-Briard-Mischling. Nun drohte ihm das Tierheim, weil Felix sein Studium in einer anderen Stadt fortsetzte. Und da war für *Romeo* kein Platz mehr.

Romeo mußte natürlich nicht ins Tierheim. Aber das ist schon wieder eine andere Geschichte.

Die Deutsche Bibliothek – CIP-Einheitsaufnahme
König, Jürgen :
Viel mehr als nur ein Hund: Geschichten einer Freundschaft /
Jürgen König. – Hamburg : Rasch und Röhring, 1998
ISBN 3-89136-519-5

Copyright © 1998 by Rasch und Röhring Verlag GmbH, Hamburg
Großer Burstah 42, 20457 Hamburg, Fax 040/37 13 89
Bilder von Margarethe Clarin
Schutzumschlaggestaltung: Peter Albers
Satzherstellung und Lithographie:
KCS GmbH, Buchholz/Hamburg
Druck und Bindearbeiten: Ebner, Ulm
Printed in Germany

Ein Jahr in den bleichen Bergen

Jürgen König
Medalges
313 Seiten, ISBN 3-89136-384-2

Ein Jahr lang lebte Jürgen König fernab der Zivilisation - auf der Medalges-Alm in den Dolomiten, auf 2300 Metern Höhe. Ganz allein war er nicht, sein italienischer Hirtenhund »Schnaps« leistete ihm Gesellschaft. Abgeschnitten von der Außenwelt, ohne Fernseher, Radio, Telefon und Uhr, ohne fließendes Wasser und ohne Strom, viele Monate lang eingeschneit – die Erfahrungen, die Gedanken, die Veränderungen, die ein Mensch an sich selbst beobachtet, der ein solches Wagnis eingeht, beschreibt dieses Buch.

RASCH UND RÖHRING VERLAG
GROSSER BURSTAH 42 - 20457 HAMBURG - FAX 040 - 37 13 89